AF522132

इरादे हों तो ऐसे

लेखक की पुस्तकें

जिंदगी
न मिलेगी दोबारा
एन. रघुरामन

युवा भारत
की नई पहचान
एन. रघुरामन

अब हमें
बदलना
होगा
एन. रघुरामन

फिर भी
जिंदगी
खूबसूरत है
एन. रघुरामन

लक्ष्य प्राप्ति के
फंडे
एन. रघुरामन

इरादे
हों तो ऐसे
एन. रघुरामन

जब सोचो
बड़ा सोचो
एन. रघुरामन

इंसानियत के
फंडे
एन. रघुरामन

खुशहाल फैमिली के
फंडे
Happy फैमिली, Happy लाइफ
एन. रघुरामन

Positive सोच के
फंडे
एन. रघुरामन

नए दौर के
बिजनेस
फंडे
Business की Wow सोच
एन. रघुरामन

जीवन जीने
के
फंडे
एन. रघुरामन

सफल बिजनेस
के
फंडे

लीडरशिप
के
फंडे

स्मार्ट बनने के
फंडे
एन. रघुरामन

इरादे हों तो ऐसे

एन. रघुरामन

प्रकाशक • **प्रभात प्रकाशन प्रा. लि.**
4/19 आसफ अली रोड,
नई दिल्ली–110002

संस्करण • 2025
मूल्य • चार सौ रुपए
मुद्रक • नरुला प्रिंटर्स, दिल्ली

IRAADE HON TO AISE *by* N. Raghuraman ₹ 400.00
Published by Prabhat Prakashan Pvt. Ltd., 4/19 Asaf Ali Road, New Delhi-2
e-mail: prabhatbooks@gmail.com ISBN 978-93-5186-316-8

अनुक्रम

हर किसी को उसकी मरजी के मुताबिक सीखने का अधिकार

पहली कहानी—जूनियर कॉलेज छोड़ने के 15 साल बाद 36 वर्षीय ऑटो ड्राइवर सचिन किशोर कदम ने जून 2013 में हायर सेकेंडरी परीक्षा पास की और अब वे यशवंत राव चव्हाण महाराष्ट्र ओपन यूनिवर्सिटी से बी.कॉम. कर रहे हैं। कदम के अलावा पुणे शहर में 367 और ऑटो ड्राइवर हैं, जिन्होंने शिक्षित होने या संवाद के कौशल को निखारने की अपनी आकांक्षा को पूरा करने की शुरुआत की है।

पुणे की सूर्यदत्त इंस्टीट्यूट द्वारा 2010 में शुरू किए गए अंग्रेजी के मुफ्त क्रेश कोर्स की बदौलत ऐसा हो रहा है। अंग्रेजी की क्लास दोपहर 2 से 4 बजे के बीच होती है। वहाँ व्याकरण, वाक्य बनाना, स्पेलिंग जैसी बुनियादी बातें सिखाई जाती हैं। ऑटो ड्राइवर बाहर से आनेवाले लोगों से बातचीत करना सीख रहे हैं, जिन्हें कि स्थानीय भाषा नहीं आती है।

पुणे में बहुत बड़ी संख्या में विदेशी पर्यटक आते हैं। वहाँ एमएस ऑफिस और कंप्यूटर चलाना भी सिखाया जाता है। ऑटो ड्राइवरों ने प्रैक्टिस करने के लिए अंग्रेजी की कुछ किताबें खरीद ली हैं। यात्री उस वक्त आश्चर्यचकित रह जाते हैं, जब ड्राइवर उनसे अंग्रेजी में बात करते हैं। पिछले 3 साल में 368 ड्राइवरों ने यह कोर्स पूरा कर लिया है और वे लोगों से अंग्रेजी बोलते हैं।

दूसरी कहानी—पूजा कौर को बचपन से सैर करना पसंद है और बड़े होने पर उन्होंने एडवेंचर टूरिज्म को कॅरियर बनाने का विचार किया। लेकिन अभिभावकों ने उनके लिए शिक्षण का कॅरियर चुना। दक्षिण कोलकाता के सिटी कॉलेज की इस छात्रा का सपना टूट जाता, यदि उसे कम्युनिटी कॉलेज इनिशिएटिव प्रोग्राम (सीसीआईपी) की जानकारी नहीं होती। यह कार्यक्रम अमरीकी विदेश विभाग के

शैक्षणिक और सांस्कृतिक मामलों के ब्यूरो द्वारा चलाया जाता है।

15 जुलाई से पूजा और पूर्वी भारत के विभिन्न राज्यों के 7 अन्य छात्र मियामी डेड कॉलेज, डॉट कॉम कम्युनिटी कॉलेज वॉशिंगटन, स्कॉट्स डेल कम्युनिटी कॉलेज, मेसा कम्युनिटी कॉलेज में एक साल का एडवेंचर टूरिज्म कोर्स शुरू करेंगे। ये 7 छात्र सिलीगुड़ी, मणिपुर, कटक और गुवाहाटी जैसी छोटी जगहों से हैं और अमरीका जैसे विशाल देश के विभिन्न राज्यों में जा रहे हैं।

वर्ष 2007 में प्रारंभ सीसीआईपी कार्यक्रम के तहत भारत, बँगलादेश, तुर्की, ब्राजील, कोलंबिया, कोस्टारिका, मिस्र सहित कई देशों से छात्रों के आवेदन आमंत्रित किए जाते हैं। चुने हुए छात्रों को अमरीका के कम्युनिटी कॉलेजों में पढ़ने का अवसर मिलता है। एक वर्ष के प्रोग्राम में न सिर्फ अकादमिक, बल्कि व्यावसायिक और सांस्कृतिक अध्ययन भी कराया जाता है। प्रोग्राम में शामिल छात्रों को इंटर्नशिप के जरिए कृषि, एप्लाइड इंजीनियरिंग, बिजनेस मैनेजमेंट, प्रशासन, इन्फॉर्मेशन टेक्नोलॉजी, मीडिया, टूरिज्म और हॉस्पिटैलिटी मैनेजमेंट सहित विविध क्षेत्रों का अनुभव मिलता है।

अमेरिका में कम्युनिटी कॉलेजों के एकदम अलग शैक्षणिक मॉडल हैं। चार वर्षीय स्नातक कोर्स की बजाय स्टूडेंट दो साल का कोर्स करके एसोसिएट डिग्री, सर्टिफिकेट या डिप्लोमा हासिल करते हैं। अगर वे डिग्री लेना चाहते हैं तो कॉलेज या यूनिवर्सिटी का चार साल का कोर्स कर सकते हैं। कम्युनिटी कॉलेज गैर आवासीय संस्थान हैं। वहाँ डिग्री कोर्स न करने के इच्छुक हाई स्कूल छात्रों को उनकी पसंद के अनुसार पढ़ाई करने का मौका मिलता है। अमरीका में 1200 से अधिक अधिमान्य कम्युनिटी कॉलेज हैं। प्रत्येक महानगर में अमरीकन सेंटर छात्रों के आवेदनों को छाँटकर उनका अंतिम चयन करता है। यह अमरीका के सर्वश्रेष्ठ शैक्षणिक कार्यक्रमों में से एक है।

फंडा यह है कि शिक्षा एक निरंतर चलनेवाली प्रक्रिया है। हर किसी को अपनी इच्छा के अनुसार पढ़ने और सीखने का अधिकार है। प्रत्येक शिक्षाविद् को सुनिश्चित करना चाहिए कि वे अपने आस-पास के लोगों को शिक्षा हासिल करने में मदद करें। इससे देश आगे बढ़ेगा।

□

इरादे पक्के हों तो आगे बढ़ने में मदद मिलती है

एक ओर जब हम पुरुष ऑफिस में अपने गोपनीय कागजातों को छिपाने की कोशिश करते हैं और कागजातों की फोटोकॉपी को सुरक्षित रखने की जुगत में लगे रहते हैं, हमें उस महिला का सम्मान करना चाहिए, जो अमेरिका के सबसे बड़े कॉर्पोरेशन जेरॉक्स (जो फोटोकॉपी करने में हमारी मदद करता है) की मुखिया हैं और 23 अरब डॉलर के सालाना व्यवसाय का संचालन करती हैं।

अंतरराष्ट्रीय महिला दिवस के इस मौके पर मैं आपका परिचय उसरूला एम बर्न्स से कराना चाहता हूँ। वर्ष 1980 में बर्न्स ने जब जेरॉक्स के मैकेनिकल इंजीनियरिंग विभाग में समर इंटर्न के पद पर ज्वॉइन किया था, तब कंपनी फोटोकॉपी के वैश्विक बाजार में शीर्ष पर थी। बाद में जब उन्होंने प्रॉडक्ट डेवलपमेंट और प्लानिंग विभाग में जिम्मेदारी सँभाली, तब कंपनी डिजिटल डॉक्यूमेंट टेक्नोलॉजी के क्षेत्र में भी अपनी स्थिति लगातार मजबूत कर रही थी। 1992 से 2000 के बीच का समय कंपनी के इतिहास में बेहद अहम् रहा और इस दौरान बर्न्स ने कई अहम् जिम्मेदारियाँ निभाईं, जिनमें कंपनी के कलर बिजनेस और ऑफिस नेटवर्क प्रिंटिंग बिजनेस का नेतृत्व भी शामिल है।

वर्ष 2000 में बर्न्स को सीनियर वाइस प्रेसिडेंट, कॉरपोरेट स्ट्रेटजिक सर्विसेज नियुक्त किया गया और उन्हें निर्माण तथा सप्लाई चेन के नेतृत्व की जिम्मेदारी दी गई। तत्कालीन सीईओ एन्ने मुलकाही के साथ मिलकर बर्न्स ने जेरॉक्स के पुनर्गठन में अहम् भूमिका निभाई, जिसके दम पर कंपनी कलर तकनीक और डॉक्यूमेट सर्विसेज के क्षेत्र में भी शीर्ष पर पहुँच गई। कंपनी की बेहतर हालत का सबसे बड़ा कारण यह था कि वह नए उत्पादों और टेक्नोलॉजी का विकास करने में सफल

रही तथा उस समय जेरॉक्स के ग्लोबल रिसर्च के साथ प्रॉडक्ट डेवलपमेंट, मार्केटिंग एवं डिलीवरी विभागों का नेतृत्व भी बर्न्स ही कर रही थीं।

अप्रैल 2007 में उन्हें जेरॉक्स का प्रेसीडेंट नियुक्त किया गया। कंपनी के आईटी ऑर्गेनाइजेशन, कॉरपोरेट रणनीति, मानव संसाधन, कॉपरेरेट मार्केटिंग तथा ग्लोबल अकाउंट्स की जिम्मेदारी भी उन्हें दी गई। उसी समय उन्हें कंपनी के बोर्ड ऑफ डायरेक्टर्स का सदस्य भी बनाया गया। बर्न्स को जुलाई 2009 में मुख्य कार्यकारी अधिकारी (सीईओ) बनाया गया और इसके कुछ ही दिनों बाद उन्होंने जेरॉक्स के इतिहास का सबसे बड़ा अधिग्रहण किया।

6.4 अरब डॉलर में एफिलिएटेड कंप्यूटर सर्विसेज को खरीदकर उन्होंने 500 अरब डॉलर के सर्विस मार्केट व्यवसाय में कंपनी की स्थिति मजबूत करने के साथ बिजनेस प्रोसेस तथा आईटी आउटसोर्सिंग के क्षेत्रों में भी इसकी पहुँच का विस्तार किया। 20 मई, 2010 को चेयरमैन बनने के साथ वे 140,000 कर्मचारियोंवाली कंपनी की मुखिया हो गईं, जिसके 160 से ज्यादा देशों में उपभोक्ता हैं।

आविष्कारों की जेरॉक्स की परंपरा छोटे से लेकर बड़े व्यवसाय में काम करने के तरीकों को आसान बनाती है, ताकि असली बिजनेस पर ध्यान दिया जा सके। बर्न्स ने न्यूयॉर्क यूनिवर्सिटी के पॉलीटेक्निक इंस्टीट्यूट से मैकेनिकल इंजीनियरिंग की डिग्री लेने के बाद कोलंबिया यूनिवर्सिटी से मास्टर ऑफ साइंस की पढ़ाई पूरी की। जेरॉक्स के बोर्ड की सदस्या होने के अलावा वे अमरीकन एक्सप्रेस कॉरपोरेशन और एक्जॉन मोबिल कॉरपोरेशन के निदेशक बोर्ड में भी शामिल हैं।

वे एफआईआरएसटी (फॉर इंस्पीरेशन ऐंड रिकॉग्निशन ऑफ साइंस ऐंड टेक्नोलॉजी), नेशनल एकेडमी फाउंडेशन, एमआईटी तथा अमरीकी ओलंपिक कमेटी जैसे सामुदायिक, शैक्षिक तथा गैर-लाभकारी संस्थाओं के साथ भी जुड़ी हैं। वे स्थापना के समय से ही चेंज द इक्वेशन की बोर्ड डायरेक्टर हैं, जो विज्ञान, तकनीक, इंजीनियरिंग तथा गणित के क्षेत्रों में अमेरिकी शिक्षा-व्यवस्था को बेहतर बनाने की दिशा में प्रयासरत है। मार्च 2010 में राष्ट्रपति बराक ओबामा ने उन्हें प्रेसिडेंट्स एक्सपोर्ट काउंसिल का उपसभापति नियुक्त किया।

सीईओ पद पर तीन साल के अपने कार्यकाल में बर्न्स अभी भी जेरॉक्स को प्रिंटर और कॉपियर बेचनेवाली कंपनी की जगह सर्विस कंपनी बनाने के प्रयास में लगी हैं। कंपनी का आधा राजस्व अब इलेक्ट्रॉनिक टिकटों का लेन-देन, रोड टोल तथा पार्किंग, मीटर की देखरेख जैसी सेवाओं से आता है। बर्न्स का मानना है कि

हेल्थकेयर तथा प्रोसेसिंग तकनीकों के क्षेत्रों में छोटे अधिग्रहणों से लगातार विकास की प्रक्रिया को जारी रखा जा सकता है।

इस साल उन्होंने अगस्टा नेशनल गोल्फ क्लब में केवल पुरुषों को ही सदस्य बनाने संबंधी नियम के खिलाफ आवाज उठाई और इसमें बदलाव की माँग की। इसका असर हुआ तथा 80 सालों में पहली बार पिछले अगस्त महीने में महिलाओं को क्लब की सदस्यता देने का फैसला किया गया। किसी बड़े अमेरिकी कॉरपोरेट घराने की पहली अश्वेत महिला प्रमुख बनकर बर्न्स ने एक नई शुरुआत की है। इस साल उनकी कंपनी की कुल बिक्री 23 अरब डॉलर रहने का अनुमान है।

फंडा यह है कि इरादे पक्के हों तो किसी के लिए भी नीचे से शुरुआत कर शीर्ष तक पहुँचना संभव है।

□

तयशुदा काम से ज्यादा करके, बढ़ाएँ ब्रांड-वैल्यू

पहली कहानी—चंदन कुमार शॉ कोलकाता में डोमिनो पिज्जा डिलीवर करनेवाला लड़का है। पटना के आदित्यवीर सिंह नाम के रेल यात्री ने डोमिनो के काउंटर पर फोन करके पिज्जा ऑर्डर किया। वह आगे की यात्रा में इसे ले जाना चाहता था। चंदन डिलीवरी लेकर निकलने ही वाला था कि आदित्य का दूसरा फोन आ गया, ऑर्डर कैंसिल करने के लिए। इसकी उसने वजह भी बताई। कहा कि उसका पर्स कहीं खो गया है। लेकिन इसके बावजूद चंदन सात मिनट के भीतर डिलीवरी लेकर आदित्य के पास उसके होटल पहुँच गया। वहाँ पहुँचकर उसने आदित्य से कहा कि आपको पिज्जा के लिए पैसे देने की जरूरत नहीं है। यही नहीं, उसने आदित्य को 500 रुपए भी दिए, क्योंकि उसे पता चला कि आदित्य के पास पटना लौटने का टिकट तो है, लेकिन होटल का बिल चुकाने के पैसे नहीं हैं। उसने आदित्य से कहा कि पटना पहुँचने के बाद वह ये पैसे उसके खाते में जमा करा दे। आदित्य इन सब के लिए शुक्रिया कह पाता, इससे पहले चंदन वहाँ से चला गया। आदित्य ने पटना पहुँचकर चंदन के खाते में पैसे जमा कराए, साथ ही डोमिनो के मैनेजमेंट को पत्र लिखा और कहा कि पूरी जिंदगी डोमिनो के कर्मचारी की शालीनता को नहीं भूलेगा।

दूसरी कहानी—कोलकाता के पैंटालून स्टोर से दस साल की बच्ची ने एक गुलाबी रंग की ड्रेस खरीदी। दो दिन के बाद उसका जन्मदिन था। वह ड्रेस के लिए मैचिंग हेयरबैंड माँग रही थी। शोरूम पर जब उसे हेयरबैंड नहीं मिला तो वह रोने लगी। सेल्स एक्जीक्यूटिव कनाई महतो ने बच्ची की आँखों

में आँसू देखे तो उससे रहा नहीं गया। उसने कहा कि वह उसे हेयरबैंड ढूँढ़कर देगा। उसने पूरा स्टोर छान मारा। आस-पास के पैंटालून स्टोर्स पर फोन लगाया। तभी कोलकाता से 160 किलोमीटर दूर दुर्गापुर के स्टोर से पता चला कि वहाँ एक गुलाबी रंग का हेयरबैंड है। ठीक वैसा ही जैसा बच्ची को चाहिए था। कनाई को यह भी जानकारी मिली कि स्टोर के वरिष्ठ अधिकारी दुर्गापुर से कोलकाता आ रहे हैं। सो, उसने तुरंत उस अधिकारी को कॉल करके गुलाबी हेयरबैंड लाने का आग्रह किया। वे जब वहाँ पहुँचे तो वह बच्ची अपनी पसंद का हेयरबैंड देखकर उछल पड़ी। उसकी खुशी का ठिकाना नहीं था। जो अधिकारी यह हेयरबैंड लेकर दुर्गापुर से कोलकाता आए थे, वे भी उस वक्त वहीं थे। उन्हें पूरा माजरा समझते देर न लगी। बच्ची की खुशी और अपने सेल्स एक्जीक्यूटिव के व्यवहार पर उन्हें फख्र महसूस हुआ। उन्होंने तुरंत अपने ऊपर के अधिकारियों को कनाई के पक्ष में एक प्रशंसा-पत्र लिख भेजा।

तीसरी कहानी—पेंटालून के सिलीगुड़ी स्टोर की सेल्स पर्सन सुचिता दत्ता के पास एक ग्राहक आई। वह एक साल पहले खरीदी अपनी ड्रेस बदलना चाहती थी, क्योंकि वह साइज में काफी बड़ी थी। ड्रेस का इस्तेमाल नहीं हुआ था, लेकिन उसके पास उसका बिल नहीं था। सुचिता ने मना कर दिया तो वह ग्राहक उदास हो गई। उसे देख सुचिता ने उससे कहा कि वह अपनी ड्रेस यहीं छोड़ दे। साथ ही स्टोर के टेलर के पास जाकर अपना नाप भी दे आए। कुछ घंटे बाद सुचिता ने उस ग्राहक को वापस कॉल किया। उसे ड्रेस ले जाने को कहा। वह ड्रेस पूरी तरह ऑल्टर की जा चुकी थी। स्टोर पहुँचने पर जब उस ग्राहक ने अपनी ड्रेस को एकदम फिट साइज में पाया तो बेहद खुश हुई। उसने गेस्ट बुक में लिखा, ''सुचिता को सेल्स पर्सन की बजाय फैशन डिजाइनर होना चाहिए था।'' ये तीन लोग तो सिर्फ उदाहरण हैं। दिसंबर महीने की 12 तारीख को रिटेल एंप्लॉईज डे के रूप में मनाया गया। इस दौरान कुल 16 सेल्स पर्संस को उनकी शानदार सेवाओं के लिए सम्मानित किया गया। इनमें ये तीनों सेल्स पर्संस भी थे, जिनके किस्से हमने यहाँ सुनाए हैं। रिटेल स्टोर्स हमेशा ऐसे लोगों को खोजते रहते हैं, जो लोगों के साथ प्यार से पेश आएँ। जो अपने ग्राहकों की, उनकी भावनाओं की कद्र करें। जहाँ तक बन पड़े, उनकी मदद करें और अगर आपके भीतर ये सभी गुण हैं तो आपको यकीनन प्राथमिकता मिलेगी।

हो सकता है, आपके इन गुणों की वजह से आपकी दूसरी कुछ कमियों को नजरअंदाज भी कर दिया जाए।

फंडा यह है कि अगर आप अपने लिए तयशुदा काम से कुछ ज्यादा कर पाते हैं तो निश्चित तौर पर आप अपनी कंपनी के लिए काम के कर्मचारी हैं। आपकी यह खासियत कंपनी की ब्रांड-वैल्यू तो बढ़ाएगी ही, इससे आप अपनी भी अहमियत और कीमत बढ़ा सकते हैं।

□

ग्राहक की सुनें और महसूस करें, फिर बनाएँ प्रोडक्ट्स

1926 में टीटी कृष्णमाचारी ने टीटीके लिमिटेड की स्थापना की थी। जवाहरलाल नेहरू प्रधानमंत्री बने तो उन्होंने वित्त मंत्री की भूमिका निभाई। 1970 में जब ग्रुप की सभी कंपनियाँ नुकसान में थीं, तब ग्रुप की ही प्रेस्टीज मुनाफा कमा रही थी। उसके पास अच्छा-खासा पैसा था। उनके बेटे जगन्नाथन ने आईआईटी मद्रास से इंजीनियरिंग में डिग्री ली और फिर कॉर्नेल से पी-एच.डी. करने अमरीका चले गए। उन्हें थिंकटैंक रैंड कॉरपोरेशन में नौकरी भी मिल रही थी। उन्होंने अमरीका में ही बसने की योजना भी बना ली थी।

जब पिता ने बिजनेस सँभालने के लिए उन्हें वापस आने को कहा तो उलटा उन्होंने पिता को ही देश छोड़ने की सलाह दे डाली। उस समय जमाकर्ताओं से पैसा लेकर ग्रुप की कई कंपनियों में निवेश किया जा चुका था। उनके पिता दिवालिया होने का आवेदन देने के पक्ष में नहीं थे। उन्हें लगा कि यदि ऐसा किया तो कंपनी में निवेश करनेवालों के साथ विश्वासघात होगा। कृष्णमाचारी का बड़ा बेटा शराब का आदी था। इस वजह से काफी कम उम्र में ही उसकी मौत हो गई। उसकी पत्नी ने शराबियों के पुनर्वास के लिए काम करना शुरू किया। बाद में टीटीके अस्पताल भी बनवाया, जो आज भी दक्षिण भारत के श्रेष्ठ अस्पतालों में से एक है।

जगन्नाथन लौटे, लेकिन बोर्ड रूम और बिजनेस की प्रक्रिया समझने की बजाय उन्होंने खाना पकाने पर ज्यादा समय दिया। कुछ महीनों के खाना पकाने के अनुभव के बाद जगन्नाथन बोर्ड रूम में दाखिल हुए और उन्होंने एक स्ट्रेटेजिक मीटिंग बुलाई। उसमें कहा कि प्रतिस्पर्धी मार्केट में बने रहने का सिर्फ एक ही

तरीका है कि रसोई के लिए नए उपकरण पेश किए जाएँ—मिक्सर, केतली, टोस्टर्स आदि। शीर्ष प्रबंधन को काम बाँट दिया गया। लेकिन जगन्नाथन ने प्रोडक्ट डेवलपमेंट अपने पास ही रखा।

उसके बाद उन्होंने देश भर में मौजूद अपने प्रत्येक डिस्ट्रीब्यूटर से मिलने के लिए यात्राओं का सिलसिला शुरू किया। इस प्रक्रिया में वे कई ग्राहकों से भी मिले। रसोई की जानकारी होने की वजह से वे गृहिणियों की समस्याओं और सुविधाओं को अच्छे से समझते थे।

आज भी टीटीके ग्रुप के 66 वर्षीय प्रमुख 15 दिन यात्राएँ करते हैं और डिस्ट्रीब्यूटर स्तर पर प्रत्येक व्यक्ति से मुलाकात करते हैं। दो दिन प्रोडक्ट डेवलपमेंट में बिताते हैं। महीने में एक हफ्ता वे विदेश में रहते हैं। उन देशों में, जहाँ उनके प्रोडक्ट बिकते हैं। वहाँ उनकी कंपनी ने पेटेंट हासिल किए हैं। खासकर अमरीका और जापान में। कंपनी का माइक्रोवे व प्रेशर कुकर जापान में बना और वहीं पेटेंट भी हुआ। आज यह प्रोडक्ट न सिर्फ जापान में लोकप्रिय है, बल्कि अमरीका में भी खूब पसंद किया जा रहा है। ग्रुप की 80 प्रतिशत बिक्री उन्हीं प्रोडक्ट्स की हैं, जो पिछले तीन साल में बनाए गए हैं।

रसोई उपकरणों की नकल करना आसान है। जब टीटीके या प्रेस्टीज कोई प्रोडक्ट मार्केट में उतारता है तो तीन साल के भीतर मामूली अंतरवाले नकल उपलब्ध हो जाते हैं, लेकिन टीटीके को अन्य कंपनियों से आगे रखता है, निरंतर आविष्कार। कंपनी ने हाल ही में रोटी के लिए आटा गूँथने का जार बनाया है। यह मिक्सर मशीन पर भी काम कर सकता है। यह दुनिया के कई हिस्सों में काफी पसंद किया जा रहा है। आविष्कारों ने कंपनी को पिछले तीन साल में लगातार 33 प्रतिशत की रफ्तार से आगे बढ़ने में मदद की है, जबकि अन्य प्रतिस्पर्धी कंपनियों की तरक्की की रफ्तार महज 12 फीसदी रही। उनके सभी दफ्तर एक आरामदेह रिटेल शॉप ही नजर आते हैं, कोई कॉरपोरेट ऑफिस नहीं। मैनेजमेंट सौंदर्य बोध पर बहुत ध्यान देता है, लेकिन प्रोडक्ट डेवलपमेंट और किचन मैनेजमेंट में नए प्रोडक्ट उतारने के लिए काम करने का उनका तरीका गैर-पारंपरिक है। यह इस वजह से कि जगन्नाथन अपना ज्यादा समय किचन में बिताते हैं।

अब उन्होंने कोयंबटूर में फुल फ्लेज प्रेस्टीज स्मार्ट किचन स्टोर खोला है। उसे काफी सफलता मिली है। लोग इस स्टोर में ऐसे आते हैं, जैसे किसी मॉल में जा रहे हों। यह पूरी तरह से आधुनिक है। वे अपना रिटेल स्टोर चाहते हैं,

ताकि ग्राहक से करीब रहा जा सके। वहाँ से गुजरते ग्राहक की कोई भी सलाह सीधे जगन्नाथन के कानों तक पहुँचती है।

फंडा यह है कि यदि आप ग्राहक को सही तरीके से सुनते हैं तो आपका लाभ कई गुना बढ़ सकता है।

□

उद्योगों को पीछे छोड़ सकती है–योजनाबद्ध खेती-बाड़ी

कुछ महीने पहले राम चरण नई कार खरीदने की योजना बना रहे थे, जबकि ओमप्रकाश जयपुर में घर खरीदने और कंचन सिंह बेटी की शादी की तैयारी में थे। ये तीनों किसान हैं। दो राजस्थान के श्रीगंगानगर जिले के गोदूवाली धानी गाँव के हैं और एक जोधपुर के। ये तीन सिर्फ एक उदाहरण हैं यह बताने के लिए कि किसान समृद्ध हो रहा है। राजस्थान की ही बात करें तो वहाँ ट्रैक्टरों की संख्या बढ़ रही है। एशियन पेंट्स बड़ी मात्रा में पेंट्स बेच रही है, क्योंकि किसानों के नए घर बन रहे हैं। टाइल्स निर्माता लगातार इस क्षेत्र में अपने उत्पादों की आपूर्ति करने में लगे हैं। क्षेत्रफल के लिहाज से देश का सबसे बड़ा राज्य राजस्थान गुआर–फली के उत्पादन के मामले में दुनिया में नंबर एक है।

गुआर–फली का इस्तेमाल आइसक्रीम बनाने में होता है। टोमैटो कैचअप में भी इसका उपयोग किया जाता है। यह फसल राज्य में किसानों के लिए बड़े फायदे का सौदा साबित हो रही है। निर्यात के मामले में इसने ज्वैलरी बिजनेस को भी पीछे छोड़ दिया है। राजस्थान ही नहीं, गुजरात, हरियाणा, पंजाब, आंध्र प्रदेश, कर्नाटक, छत्तीसगढ़ के किसान भी गुआर–फली बड़ी तादाद में उगा रहे हैं। अमरीकी तेल कंपनियों में गुआर फली की काफी माँग है। एक अनुमान के मुताबिक देश से इस फसल का निर्यात करीब तीन अरब डॉलर (करीब 18,637 करोड़ रु.) तक है। पाकिस्तान के किसानों ने भी 2010 में करीब 2.9 करोड़ डॉलर (लगभग 180 करोड़ रु.) की गुआर–फली की फसल का निर्यात किया। 2013 में उनका यह निर्यात बढ़कर 17.5 करोड़ डॉलर (करीब 1,087 करोड़ रु.) हो गया।

उत्पादन बढ़ने के बाद भी इसकी कीमतें एक समान बनी हुई हैं। इसकी कीमतों को अब तक प्याज की तरह तीन अंकों में पहुँचने का सौभाग्य नहीं मिला है, क्योंकि

जितनी इसकी माँग है, उसके हिसाब से आपूर्ति बनी हुई है। अमरीकी कंपनी है—गुआर ग्लोबल लिमिटेड। इसके प्रतिनिधि अकसर जोधपुर और राजस्थान के अन्य हिस्सों की यात्रा पर आते रहते हैं। यहाँ के किसानों को यह बताने के लिए कि बेहतर और ज्यादा फसल कैसे की जा सकती है। कुछ समय पहले तक गुआर-फली जानवरों को खिला दी जाती थी, लेकिन तभी किसी को आइडिया आया कि गुआर-फली का इस्तेमाल तेल खनन में हो सकता है। तेल के कुओं में ड्रिलिंग के वक्त फ्लूड के तौर पर। टूथपेस्ट, दही, टोमैटो कैचअप व आइसक्रीम में भी इसका इस्तेमाल होने लगा और बस इस फसल की अहमियत बढ़ गई। आज राजस्थान के किसानों को इसके उत्पादन के मामले में दूसरे राज्यों से प्रतिस्पर्धा भी मिलने लगी है। हालाँकि इसके बावजूद इस राज्य की दुनिया में कुल गुआर-फली उत्पादन में तीन-चौथाई हिस्सेदारी है। अब सवाल यह है कि राजस्थान के किसानों ने किस तरह यह उपलब्धि हासिल की?

इसका जवाब यह है कि इनका आपसी संपर्क बड़ा जीवंत है। एक फोन, एक कंप्यूटर और इसके जरिए हर संबंधित कोने से सतत संपर्क ने इन्हें प्रतिस्पर्धा में आगे लाकर खड़ा कर दिया। गुआर फली की कीमतें एक सी हैं, तब भी इन किसानों को चिंता नहीं है, क्योंकि इन्हें पता है कि दुनिया में अगली बार किस चीज की ज्यादा माँग हो सकती है। यह प्याज, कपास, कोई फल या मक्का भी हो सकती है। वे राष्ट्रीय और अंतरराष्ट्रीय बाजार से जुड़े रहना जानते हैं। उसी के हिसाब से आगे बढ़ते हैं। किसी दूसरे उद्योग को देखें तो उसे स्थापित होने में कम-से-कम एक-दो साल लग जाते हैं। इतना समय मशीनों की स्थापना और अन्य जरूरी निर्माण-कार्यों में लग जाता है, लेकिन खेती-बाड़ी के मामले में ऐसा नहीं है। उन्हें सिर्फ यह पता लगाना होता है कि किस फसल की बाजार में माँग है। उसकी कितनी कीमत मिल सकती है और बस वे उसे अगले छह महीने में हासिल कर सकते हैं। राजस्थान के किसानों ने यह कर दिखाया है। यहाँ तक कि उनके पास अगले तीन साल का ब्लू प्रिंट तैयार है। इसके हिसाब से वे अपने कृषि उत्पादन को आगे ले जानेवाले हैं।

फंडा यह है कि जब किसान खेती-बाड़ी में औद्योगिक प्रक्रिया को अपना लेते हैं तो यह भी फायदे का कारोबार साबित हो जाती है। उद्योग-धंधों से भी ज्यादा।

□

पिरामिड की बॉटम लाइन तक जाएँ, नंबर वहीं मिलेंगे

साल 2010 में राम परमार पटना रेलवे स्टेशन पर रिक्शा चलाता था। एक सवारी से 10 रुपए के भाड़े के लिए जिरह कर रहा था। जब बात बन गई तो उसकी सवारी ने जेब से मोबाइल फोन निकाला। पत्नी को बताया कि दोपहर के खाने में वह देर से घर पहुँच पाएगा। ये दोनों पात्र याद दिला रहे हैं कि तीन साल पहले तक देश की आधी आबादी के पास ही मोबाइल था। राम परमार जैसे लोग इससे दूर थे। ये वे लोग थे, जो मोबाइल का खर्च उठाने में सक्षम नहीं थे। इस फर्क को उसी वक्त चार लोगों ने समझ लिया। इनके नाम हैं—राजेश अग्रवाल, सुमित अरोरा, राहुल शर्मा और विकास जैन। ये माइक्रोमैक्स मोबाइल कंपनी में साझेदार हैं। राजेश सबसे बड़े हैं। वे कंपनी का फाइनेंस डिपार्टमेंट देखते हैं। हमेशा क्लास में टॉपर रहे सुमित कंपनी के चीफ टेक्नोलॉजी अफसर हैं। राहुल नए आइडिया और उस पर काम करते हुए जोखिम आदि के मामलों को देखते हैं, जबकि विकास कंपनी के लिए साझेदारी और समझौतों से जुड़ा काम करते हैं।

माइक्रोमैक्स की स्थापना 1991 में हो गई थी, लेकिन उसने 2008 से मोबाइल फोन बनाना शुरू किया। दो साल के भीतर, यानी 2010 तक यह कंपनी मोबाइल बाजार में तीसरी सबसे बड़ी कंपनी बन गई। तब नोकिया की बाजार में 62 फीसदी हिस्सेदारी थी। सैमसंग की आठ और माइक्रोमैक्स की छह फीसदी। माइक्रोमैक्स की रफ्तार धीरे-धीरे तेज होती गई। 2010 के अंत तक यह कंपनी हर महीने करीब सात से 10 लाख मोबाइल फोन बेचने लगी। कंपनी का अनुमान था कि यह सालाना लगभग 15,000 करोड़ रुपए के मोबाइल हैंडसैट बेच रही है। बिक्री बढ़ने की वजह भी थी। कंपनी के मोबाइल हैंडसैट्स देखने में आकर्षक थे। रेंज

काफी बड़ी थी। उनकी कीमतें भी कम थीं। देश के ग्रामीण इलाकों में भी इसके फोन हाथोहाथ बिके। यहाँ से मोबाइल बाजार में माइक्रोमैक्स दूसरी कंपनियों के लिए चिंता बनने लगी। उसे अब सक्षम प्रतिद्वंद्वी समझा जाने लगा।

बहरहाल, इस सफलता ने कंपनी को दो चीजें सिखाईं—पहली, अगर लोगों को ऐसी चीज दी जाए, जो उन्हें रोजमर्रा के काम में मदद दे तो वे उसे जरूर खरीदेंगे। दूसरी, लोगों की जरूरत समझने के लिए पिरामिड की बॉटम लाइन तक जाना जरूरी है। वहाँ से जो जरूरतें समझ आएँ, उनके हिसाब से अपने प्रोडक्ट को डिजाइन करना चाहिए। अब 2013 की बात। देश के मोबाइल मार्केट में माइक्रोमैक्स दूसरी सबसे बड़ी कंपनी है। बाजार में इसकी हिस्सेदारी 22.7 फीसदी हो चुकी है। बाजार में पहले नंबर पर काबिज है सैमसंग। फिलहाल इसकी हिस्सेदारी है 31.9 फीसदी, यानी पहले नंबर से माइक्रोमैक्स सिर्फ 9.2 फीसदी दूर है। संभवत: एक-दो साल में माइक्रोमैक्स नंबर एक पर आ जाए। इस कंपनी के लोगों के पास बाँहें चढ़ाने की और भी वजहें हैं। एक यह कि ये लोग ग्राहक की जरूरत पर लगातार पैनी निगाह रख रहे हैं और अगली यह कि अपने उत्पादन तथा आपूर्ति को भी उसी के हिसाब से कायम रखे हुए हैं।

माइक्रोमैक्स जैसी ही कहानी आम आदमी पार्टी (आप) की है। सिर्फ एक साल हुए हैं इस पार्टी का गठन हुए। कई राजनीतिक पंडित कह रहे थे कि लोग इस पार्टी के प्रत्याशियों पर अपने वोट बरबाद नहीं करेंगे, लेकिन दिल्ली में हुआ क्या? हम सबने देखा। आप को दिल्ली में 28 सीटें मिलीं।

उसे 29.5 फीसदी वोट मिले। कैसे हुआ यह? दरअसल, आप ने वही तरीका आजमाया, जो माइक्रोमैक्स ने अपनाया है। पिरामिड की बॉटम-लाइन तक पहुँची इस पार्टी ने लोगों की जरूरत को नजदीक से समझा। उसके हिसाब से ही खुद को ढाला और पेश किया।

फंडा यह है कि अगर आप ऐसे बिजनेस में हैं, जो ज्यादा लोगों को अपील करता है तो आपको भी पिरामिड की बॉटम-लाइन तक पहुँचना होगा।

□

पागल की तरह अपने सपनों का पीछा कीजिए और फिर देखिए नतीजे

उसकी उम्र सिर्फ 21 साल है। चेन्नई के इंजमबक्कम इलाके में स्थित सेंट जॉन्स राजकुमार इंटरनेशनल स्कूल का डायरेक्टर (ऑपरेशन) है। उसे जब आप स्कूल जाते देखेंगे तो एक अलग छवि। सख्त चेहरा। चटक ड्रेस पर कसी हुई टाई, लेकिन जब वह डिजाइन एंबेसी (डीई) की ओर जा रहा होता है तो अलग नजर आता है। बालों में पोनी टेल। हाफ जैकेट। जींस में सलीके से दबी हुई शर्ट। डीई एक डिजाइन व कंटेंट क्रिएशन फर्म है और वह इसका संस्थापक भी है। अगर यही लड़का बिखरे बाल और जींस के ऊपर ढीले-ढाले कुरते में दिखे तो समझ जाएँ कि वह अपने बैंड में परफॉर्म करने जा रहा है। चेन्नई स्थित उसके बैंड का नाम है, 'द टेररिश्म।' इस बैंड में यह लड़का अग्रणी चेहरा है। अगर ऊपर लिखी तीनों वेशभूषा वह नजर न आए, तब? सादा फुल शर्ट, जिसकी बाँहें ऊपर तक मोड़ रखी गई हों। फॉर्मल ट्राउजर और शर्ट भी खुली हुई। इस ड्रेस में वह 'डेजर्ट सफारी' की ओर जा रहा होता है। चेन्नई की एल्डमस रोड पर डेजर्ट सफारी फूड जॉइंट है। और वह इसका मालिक।

तो ये जनाब हैं, विनीत एम. बेन्नी। वे सप्ताह के दिनों में तीन हैट पहनते हैं। जबकि सप्ताह के आखिरी चार दिन। बेहद व्यस्त हैं। फिर भी अपनी ड्रेस बदलने के लिए समय निकाल लेते हैं। हर ड्रेस मौके के मुताबिक एकदम फिट और सलीकेदार। तीसरी पीढ़ी के युवा कारोबारी हैं। बिजनेस इनके डीएनए में है। इन्हें नाम, पैसा, ख्याति और जिम्मेदारी विरासत में मिली है और इन्होंने इन सभी चीजों को कई गुना बढ़ाया भी है, लेकिन इनको सिर्फ एक चीज का पछतावा है। इन्हें लगता है कि इन्होंने काफी देर से कारोबार शुरू किया और इस उम्र तक (21 साल

की) वे कुछेक बिजनेस ही शुरू कर सके।

विनीत के मुताबिक हर बिजनेस को जमने में कुछ समय लगता है। उन्होंने अपना आखिरी बिजनेस 11 महीने पहले शुरू किया। डेजर्ट सफारी का। यह शुरू कैसे हुआ? इसके पीछे की कहानी भी दिलचस्प है। विनीत एक बार अपने दादाजी के साथ डिनर के बाद अपने घर के बगीचे में बैठे हुए थे। तभी उनके पिता सभी के लिए आइसक्रीम लेकर वहाँ आ गए। विनीत ने देखा कि उनके दादा के चेहरे पर आइसक्रीम देखते ही एक रहस्यमय मुसकराहट तैर गई है। यह अनोखा अनुभव था। तभी उनके दिमाग में विचार कौंधा कि डेजर्ट (आइसक्रीम व अन्य) में उम्र के दायरों को तोड़ने की क्षमता और गुंजाइश है। बस यहीं से डेजर्ट सफारी का जन्म हो गया।

इसके बाद नए बिजनेस के लिए नई जगह चाहिए थी। क्योंकि यह वह मसला होता है कि जिससे नए बिजनेस पर लागत का बोझ बढ़ भी सकता है। लिहाजा विनीत को जगह का चयन सावधानी से करना था। उन्होंने किया भी। फूड जॉइंट के आस-पास डेजर्ट काउंटर खोलना उन्हें समझदारी नहीं लगी। क्योंकि उन्हें लगा कि लोग खाने के कुछ देर बाद आराम से डेजर्ट लेना ज्यादा पसंद करते हैं। इसलिए उन्होंने शहर एल्डमस रोड पर शहर से बाहर एक जगह को चुना, जहाँ भीड़-भाड़ कम रहती है। कार-पार्किंग के लिए खूब सारी जगह है और जहाँ लोग तसल्ली से कार में या खुले माहौल में बैठकर भी डेजर्ट का आनंद ले सकते हैं। इससे उनका निवेश और लागत भी कम रही।

फंडा यह है कि जहाँ भीड़-भाड़ कम रहती है, कार-पार्किंग के लिए खूब सारी जगह है और जहाँ लोग तसल्ली से कार में या खुले माहौल में बैठकर भी डेजर्ट का आनंद ले सकते हैं। इससे उनका निवेश और लागत भी कम रही।

□

आपका छोटा सा आइडिया भी सबसे गरीब व्यक्ति की जिंदगी बदल सकता है

पहला आइडिया—पति को सहयोग करने के लिए सलीम खान की पत्नी सिलाई का काम शुरू करना चाहती थी। इसके लिए वह नई सिलाई मशीन खरीदना चाहती थी, लेकिन पैसे नहीं थे। देश में ऐसे न जाने कितने लोग होंगे, जो कुछ करना चाहते हैं।

लेकिन पैसे की कमी से कर नहीं पाते। इस तरह के लोगों के लिए स्मिता और उनके पति रामकृष्णा ने 2008 में एक योजना शुरू की, 'रंग दे।' यह एक ऑनलाइन प्लेटफॉर्म है। इस पर छोटा-मोटा कारोबार करने और ऐसे लोगों को कर्ज देने के इच्छुक लोगों की जानकारी होती है। 'रंग दे' उच्च, मध्यम आय वर्ग के लोगों को अवसर देती है कि वे निम्न आय वर्गवाले किसी व्यक्ति या छात्र की मदद कर सकें।

स्मिता और उनके पति भारत के स्वतंत्रता संग्राम से प्रेरित हैं। लिहाजा, उन्होंने देश में गरीबी की समस्या के समाधान की तरफ सबसे पहले फोकस किया। दोनों ने सबसे पहले दूर-दराज के इलाकों से अपनी योजना के लिए फील्ड पार्टनर चुने। ऐसे इलाकों पर खास ध्यान दिया, जिन्हें आम तौर पर अनदेखा कर दिया जाता है। फिर फील्ड पार्टनर्स ने अपने क्षेत्र में उन लोगों की पहचान की, जिनके पास पैसे नहीं हैं और जो कारोबार करना चाहते हैं। रंग दे टीम ने साफ-सुथरे जरूरतमंद उम्मीदवारों की पहचान कर उनका प्रोफाइल अपने पोर्टल पर डाला। इसके बाद उन्हें कर्ज दिलाने के लिए सामाजिक क्षेत्र में निवेश करने के इच्छुक लोगों से संपर्क किया। योजना के तहत इच्छुक व्यक्ति कम-से-कम 100 रुपए का भी निवेश कर सकता है। इस निवेश के एवज में उसे अगले महीने ही दो

फीसदी ब्याज के साथ पैसा वापस भी मिल जाता है। इस योजना में अब तक करीब 5,500 निवेशक जुड़ चुके हैं। इसके जरिए करीब 18 करोड़ रुपए के लगभग 26,000 कर्ज बाँटे जा चुके हैं।

योजना के तहत कर्ज लेनेवालों में 95 फीसदी महिलाएँ हैं, जबकि निवेश करनेवाले ज्यादातर लोग 25 से 40 की उम्र के हैं। 'रंग दे' योजना ओडिशा, पश्चिम बंगाल, महाराष्ट्र, विदर्भ, मैसूर और मध्य प्रदेश में चल रही है। दूसरा आइडिया: करीब 1.5 लीटर की पानी की एक बोतल लीजिए। इसमें ब्लीचिंग पाउडर मिलाकर पानी भर दीजिए।

इसे सिलिकॉन बेसवाले या पॉल्यूरेथेन ग्लू के जरिए एस्बेस्टस शीटवाली छत पर चिपका दीजिए। जिस जगह इस बोतल को चिपकाना है, वहाँ छत पर पहले ड्रिल के जरिए एक छेद करना होगा। यह बोतल अगले पाँच साल तक आपके लिए दिन में 55 वॉट के बल्ब का काम करेगी। मैंटेनेंस भी जीरो। यहाँ तक कि इसका पानी भी नहीं बदलना होगा।

पानी और ब्लीचिंग पाउडर से भरी बोतल एस्बेस्टस की छत पर पड़नेवाली सूरज की रोशनी से बल्ब की तरह चमकने लगती है।

मूल रूप से यह आइडिया अल्फ्रेडो मोजेर का है। उन्होंने इसे 2002 में ब्राजील में लागू किया। भारत में यह मुंबई, दिल्ली, हैदराबाद, कोलकाता, चेन्नई और बेंगलुरु में सफलतापूर्वक आजमाया जा रहा है।

इस तरीके से बिजली की खपत को इन शहरों में प्रति मकान प्रति माह औसतन 400 रुपए तक कम किया जा सका है, यानी ये दो आइडिया आपको सोचने पर मजबूर जरूर करेंगे कि कैसे गरीब जरूरतमंदों की मदद की जा सकती है।

कैसे किसी अति आवश्यक चीज की ऑपरेशनल कॉस्ट (संचालन लागत) को कम किया जा सकता है। इन दोनों तरीकों में किसी रॉकेट साइंस का इस्तेमाल नहीं हुआ है। बस थोड़ी सी स्मार्टनेस ही एप्लाई की गई, जो कोई भी कर सकता है।

फंडा यह है कि गरीबों की जिंदगी को बेहतर बनाने का काम कोई भी कर सकता है। सिर्फ इसके लिए इरादा होना चाहिए और एक अच्छा सा आइडिया। सबसे अंतिम छोर पर रहनेवाले लोगों को इससे काफी लाभ होगा।

□

ऐसा कॅरियर चुनें, जिसमें आप श्रेष्ठ हों

आप अच्छा क्रिकेट खेलते हैं। ऐसे में यदि आपको राष्ट्रीय क्रिकेट टीम में खेलने का मौका मिला तो क्या आप किसी और पेशे को अपनाएँगे? नहीं। क्योंकि क्रिकेट आज एक ऐसा क्षेत्र बन गया है, जिसमें किसी और पेशे के मुकाबले तत्काल पहचान और तारीफ भी मिलती है।

जसलीन रोयाल पंजाब के लुधियाना से हैं। यह शहर कई तरह की खेल-सामग्री और खासकर क्रिकेट बॉल के निर्माण की वजह से प्रसिद्ध है। वे सिर्फ 23 वर्ष की हैं। बेहतरीन लेग स्पिनर। उसे सफेद यूनीफॉर्म, क्रिकेट बैट, हेलमेट्स और पैड्स पसंद हैं। क्रिकेट की वजह से मिली पहचान से वे बेहद खुश हैं।

लेकिन दूसरी ओर उनके सामने एक और विकल्प है। उसमें भी वे बेहद अच्छी हैं, लेकिन उसमें टीम नहीं होती। अकेले ही परफॉर्म करना होता है। यह क्षेत्र करो या मरो का है। इसमें कड़ी प्रतिस्पर्धा है। बचपन से ही जसलीन दोनों में अच्छी रहीं। क्रिकेट खेलीं। वाद्ययंत्र बजाकर और गाने गाकर सेंटरस्टेज पर भी छाईं। खेल से जुड़े उनके दोस्तों ने उन पर क्रिकेट खेलने का दबाव बनाया। वहीं खेल से बाहर के दोस्तों के दबाव में उन्होंने इंडियाज गॉट टेलेंट के सीजन-1 में ऑडिशन भी दिया। वे बैटिंग और बॉलिंग दोनों बहुत अच्छा करती हैं, लेकिन संगीत में वे एक साथ दो वाद्य यंत्र बजा लेती हैं।

एक ओर शेखर कपूर, सोनाली बेंद्रे और किरण खेर जैसे जज उन्हें उनके परफॉर्मेंस के लिए स्टैंडिंग ओवेशन देते हैं, वहीं दूसरी ओर राष्ट्रीय क्रिकेट चयनकर्ता राष्ट्रीय टीम में उनका नाम दर्ज करते हैं।

वे कुछ समय के लिए उलझन में रहीं, लेकिन ज्यादा समय नहीं लगा। वे जानती हैं कि वे क्या करना चाहती हैं। उन्होंने संगीत के लिए क्रिकेट छोड़ दिया। क्रिकेट की गेंद की बजाय, गिटार उठाना उनका अंतिम फैसला रहा। उन्होंने अपनी

सफेद यूनीफॉर्म फेंकी और फंकी पजामा, हॉफ स्लीववाला ढीला कुरता पहना। परफॉर्मेंस के लिए बालों को अस्त-व्यस्त किया। वे अपने साथ तीन वाद्ययंत्र रखती हैं—गिटार, माउथ ऑर्गन और टैम्बरिन। गाने के आधार पर वाद्ययंत्र चुनती हैं। एक साथ भी बजाती हैं।

जसलीन ने शिव कुमार बटालवी की लिखी कविता 'पंछी हो जवान' को संगीतबद्ध किया और गाया। इस पर उन्होंने इस साल का एमटीवी वीडियो और म्यूजिक एवार्ड जीता है। इस कैटेगरी में उनके प्रतिद्वंद्वी कैलाश खेर, रंबी शेरगिल और इंडसक्रीड थे। इन नामों से प्रतिस्पर्धा में जीत हासिल करना छोटी उपलब्धि नहीं है। एमटीवी पर उनका वीडियो निरंतर अंतराल से चल रहा है। जो लोग उन्हें फंकी पजामा में स्क्रीन पर देख रहे हैं, वही स्टूडियो के बाहर भी उन्हें उसी तरह देखना चाह रहे हैं। उन्हें नहीं पता था कि उनकी यह स्टेजवाली वेशभूषा ही उनका स्टाइल स्टेटमेंट बन जाएगी।

उनका दूसरा गाना 'माये नी' उन्होंने ही लिखा है। स्वानंद किरकिरे के साथ रिकॉर्ड किया है। इसकी वजह से ट्विटर की दुनिया में उनके नाम को लाखों बार रैफर किया जा चुका है।

इंडियाज गॉट टेलेंट के सीजन-1 के बाद एमटीवी पर उनके नियमित शो हुए। अब एमटीवी एवार्ड भी मिला। क्रिकेट के मैदान से उन्हें जो मिल सकता था, वह यहाँ भी मिला—तारीफ, तालियाँ और पहचान।

आज परिक्रमा इंक ने उन्हें साइन किया है। इससे दिल्ली में रहनेवाली यह लुधियाना की लड़की पूरे देश में घूम रही है। यह भी क्रिकेट का ही हिस्सा है। फिलहाल वह शादी के पंजाबी लोकगीतों पर काम कर रही हैं। अंतर सिर्फ इतना आया है कि अपनी गेंद से किसी को बीट करने के बजाय वह आज अपने संगीत की बीट्स से लाखों युवाओं के दिलों की धड़कन बन चुकी हैं।

फंडा यह है कि अपने लिए कॅरियर चुनने के लिए आप यह देखें कि आप श्रेष्ठ किसमें हैं। उससे कम पर संतोष न करें। 'चलता है' एटीट्यूड नहीं चलेगा।

□

कामयाबी के लिए ऑटो मोड़ से बाहर निकलिए

22 जनवरी, 2013 को देश के हर अखबार ने तमाम मुश्किलों से पार पाते हुए ऑल इंडिया चार्टर्ड एकाउंटेंसी परीक्षा में टॉप करनेवाली प्रेमा जयकुमार के बारे में खबर छापी। प्रेमा मुंबई में रहनेवाले एक ऑटो ड्राइवर की बेटी हैं। अब ताजा खबर यह है कि बेंगलुरु में ऑटो रिक्शा चलानेवाली बी वेंकटलक्ष्मी 8 फरवरी को बार काउंसिल परीक्षा में कामयाबी हासिल कर वकील बन गई हैं। प्रेमा जयकुमार ने बीकॉम थर्ड ईयर की पढ़ाई पूरी करने के बाद वर्ष 2008 में सीए की परीक्षा के लिए अपनी तैयारी शुरू की थी। एंट्रेंस परीक्षा के लिए वे किसी कोचिंग क्लास में नहीं गईं, हालाँकि फाइनल एक्जाम के लिए उन्होंने इसकी मदद ली। उन्हें स्कॉलरशिप मिली थी, इसलिए उन्हें फीस नहीं देनी पड़ी। कोचिंगवालों को लगा कि बाकी छात्रों के मुकाबले प्रेमा ज्यादा जहीन और काबिल हैं, तो उन्होंने उन्हें स्कॉलरशिप देने का प्रस्ताव रखा, ताकि उनके माता-पिता पढ़ाई के खर्चों को लेकर निश्चिंत रह सकें।

बेंगलुरु की गिनी-चुनी महिला ऑटो चालकों में शामिल वेंकटलक्ष्मी पिछले 13 सालों से यह काम कर रही हैं, हालाँकि वर्ष 2008 में एल-एल.बी. कोर्स में दाखिला लेने के बाद से वकील बनने का सपना उनकी आँखों से एक पल के लिए भी ओझल नहीं हुआ। अपने नियमित कस्टमर्स के बीच ऑटो वेंकटलक्ष्मी के नाम से मशहूर वे पिछले साल 9 दिसंबर को बार काउंसिल की परीक्षा में शामिल हुईं।

प्रेमा के पिता जयकुमार पेरूमल करीब 25 साल पहले तमिलनाडु के

विल्लूपुरम जिले में स्थित अपने गाँव पेरियाकोल्लियूर से बेहतर जीवन की तलाश में मुंबई आए थे। वे बीते 20 सालों से ऑटो चला रहे हैं और इसी कमाई से उन्होंने अपने तीनों बच्चों का पालन-पोषण किया है। उन्होंने हमेशा अपने बच्चों को पढ़ाई के लिए प्रोत्साहित किया और आज उनकी उपलब्धियों से खुश हैं। उनका दूसरा बेटा भी इस साल सीए की परीक्षा में बैठने की तैयारी कर रहा है।

कानून के प्रति वेंकटलक्ष्मी के झुकाव के बारे में साथी ऑटो ड्राइवर्स पहले से ही जानते हैं। सड़क पर चलते हुए अपने बारे में वे जिस तरह पुलिसवालों से बहस करती हैं, वह कानून की उनकी समझ के बारे में बताने के लिए पर्याप्त है। वे सुबह घर से जल्दी निकलकर पहले अपनी बेटी को स्कूल छोड़तीं और फिर वहाँ से बासवेश्वर नगर स्थित बाबू जगजीवनराम लॉ कॉलेज जातीं, जहाँ से वे पाँच साल का एल-एल.बी. कोर्स कर रही थीं। क्लास पूरी होने के बाद वे अपने ऑटो में सवारियों को ढोने का काम करती थीं।

मलाड के चॉल में एक कमरे के मकान में अपने माता-पिता और भाई के साथ रहनेवाली 24 वर्षीय प्रेमा ने 800 में 607 अंक हासिल किए। वे इससे पहले भी अपनी शैक्षिक विशिष्टता का प्रदर्शन कर चुकी हैं। मुंबई यूनिवर्सिटी की बीकॉम थर्ड ईयर की परीक्षा में 90 प्रतिशत अंक हासिल कर वे दूसरे स्थान पर रही थीं।

वकालत की प्रैक्टिस शुरू करने के लिए वेंकटलक्ष्मी के लिए एल-एल.बी. का कोर्स पूरा करना ही पर्याप्त नहीं था। इसके लिए बार काउंसिल की परीक्षा पास करना भी जरूरी था। अब वे अपने क्लाइंट्स के मामलों में खुद ब्रीफिंग ले सकती हैं, अदालत में पैरवी कर सकती हैं और सबसे अच्छी बात यह कि वे शान के साथ अपने नए पेशे की पहचान काला कोट पहन सकती हैं।

अपनी खुद की फर्म शुरू करने से पहले प्रेमा किसी कंपनी के साथ काम कर अनुभव हासिल करना चाहती हैं, ताकि वे अपने कस्टमर्स की उम्मीदों पर खरी उतर सकें। वहीं वेंकटलक्ष्मी ऐसे लोगों की खास तौर पर मदद करना चाहती हैं, जिनकी जमीन उनके हाथ से निकल गई है। अपने लक्ष्य को हासिल करने की उत्कट इच्छा और काम के प्रति प्रतिबद्धता को देखते हुए इसमें कोई आश्चर्य नहीं होना चाहिए कि कुछ सालों बाद वे लॉयर वेंकटलक्ष्मी के रूप में भी अपने कस्टमर्स के बीच उतनी ही लोकप्रिय होंगी, जितनी आज ऑटो वेंकटलक्ष्मी के

रूप में हैं। इन दोनों के बीच एक चीज जो कॉमन है—वह यह कि 2008 से 2013 के बीच पिछले पाँच सालों में उन्होंने अपने लक्ष्य को एक पल के लिए भी अपनी आँखों से ओझल नहीं होने दिया।

फंडा यह है कि यदि आप जीवन में तेजी से आगे बढ़ना चाहते हैं तो ऑटो गियर से बाहर निकलिए। यह आपको आपके प्रतियोगियों से काफी आगे लेकर चला जाएगा।

□

पानवालों से सीखें मंदी से निपटने के गुर

जयपुर में 'हवा महल' के निकट पान-बीड़ी की दुकान चलानेवाले मनीष चौरसिया, मुंबई के चेंबूर में शारदा पान शॉप से जुड़े रंजन तिवारी तथा इंदौर यूनिवर्सिटी कैंपस के निकट स्थित पान की एक दुकान के मालिक प्रदीप शिंदे में एक बात कॉमन है। ये तीनों खुशहाल हैं और देश के अन्य पानवालों के मुकाबले कहीं ज्यादा पैसा कमाते हैं। वे देर रात तक अपनी दुकान खुली रखते हैं। इस साल की शुरुआत में गुटखा पाउच पर लगाए गए प्रतिबंध से इन्हें कोई मायूसी नहीं हुई और उन्होंने खुद को वक्त के मुताबिक बदलने का फैसला किया। पान की ये तीन दुकानें महज उदाहरण हैं और समग्र देश का प्रतिनिधित्व नहीं करतीं, लेकिन यदि हम ध्यान से देखें तो हमें अपने आस-पास ऐसी सैकड़ों दुकानें उभरती नजर आएँगी।

इस साल अप्रैल से देश भर में या चुनिंदा राज्यों में गुटखा पर प्रतिबंध लगाने का फैसला कैंसर जैसे घातक रोग के प्रसार पर अंकुश लगाने के लिहाज से उचित था, लेकिन हर कोई जानता था कि यह फैसला देश भर के पानवालों के लिए मंदी लानेवाला साबित होगा। ऐसा इसलिए, क्योंकि आप मानें या नहीं, मगर उनकी रोज की आमदनी में गुटखा की बिक्री का चालीस फीसदी हिस्सा होता था, तो क्या वे सड़कों पर उतर आए? नहीं, उन्होंने अपना एक संगठन बनाया और सरकार के निर्वाचित प्रतिनिधियों के समक्ष ज्ञापन प्रस्तुत किया? नहीं, उन्होंने विरोधस्वरूप कुछ नहीं किया। हाँ, उन्होंने खुद को जल्द ही इस बदलाव के मुताबिक ढाल जरूर लिया। अब सैकड़ों पानवालों ने मध्यरात्रि तक खुलनेवाली किराने की दुकान का नया अवतार धारण कर लिया। इन दुकानों पर आपको टूथपेस्ट, टूथब्रश, मच्छर भगानेवाले उत्पाद, डायपर, शेविंग ब्लेड, डियोडरेंट्स, इंस्टेंट नूडल्स, बिस्कुट के अलावा शिशु-संबंधी कई ऐसे उत्पाद भी मिल सकते हैं, जिनकी युवा अभिभावकों को तड़के सुबह या देर रात को कभी भी जरूरत पड़ सकती है। इतना ही नहीं, इन दुकानों ने ओवर द काउंटर टैबलेट्स भी रखना शुरू कर दिया। ऐसी दवाएँ, जिनके

लिए डॉक्टर के परचे की आवश्यकता नहीं होती, उन्हें ओटीसी टैबलेट्स कहा जाता है, जैसे कि सर्दी-खाँसी या बुखार की टैबलेट्स।

अगर आप पान की दुकानों में रखे इन उत्पादों का बारीकी से विश्लेषण करें तो पाएँगे कि ये ऐसे उत्पाद हैं, जिनकी आपको हमेशा इमरजेंसी में जरूरत पड़ती है या आपको अचानक तब इनकी याद आती है, जब तमाम दुकानें बंद होती हैं। दिन में इस्तेमाल होनेवाला कोई उत्पाद इनकी दुकानों पर नहीं होता। वे दिन के घंटों के दौरान सामान्य पान की दुकानों के रूप में काम करते हैं और तड़के सुबह तथा देर रात के वक्त वे कॉलोनी में रहनेवाले अनेक स्थानीय रहवासियों के लिए अस्थायी किराने की दुकान की तरह हो जाते हैं। ये दुकानें कॉलोनी के नजदीक ही स्थित होती हैं और देर तक खुली रहती हैं। इससे दो फायदे होते हैं—एक तो यह कि लोग उनकी पान की दुकान पर आने लगते हैं, जो पहले उनकी ओर देखते तक नहीं थे। इसके अलावा धीरे-धीरे लोग उन्हें महज पान की दुकान की बजाय एक सुविधाजनक स्टोर समझने लगते हैं, जिससे उन्हें एक नई पहचान मिलती है। पान की दुकानों के इस नए उभरते अवतार को अब एसी नील्सन ने भी नोटिस किया है, जिसने इस हफ्ते की शुरुआत में अपने हालिया सर्वे में कहा कि ये दुकानें बेबी प्रोडक्ट्स के लिए सबसे तेजी से बढ़ता क्षेत्र हैं।

दक्षिण मुंबई के आजाद मैदान और मरीन ड्राइव के पास स्थित कुछ पान की दुकानों ने ग्रीन टी बैग्स के अलावा गाजर तथा करेले का जूस भी बेचना शुरू कर दिया है। ये दुकानें सुबह छह बजे खुल जाती हैं। अब तो कई सुस्थापित उत्पादों के निर्माता भी अपने उत्पादों के लिए इन पान की दुकानों की ओर देखने लगे हैं। नील्सन स्टडी कहती है कि इन पान की दुकानों पर खरीदारी करनेवाले 96 फीसदी लोग समय की कमी या कुछ अन्य कारणों के चलते हमेशा छोटा-मोटा घरेलू सामान भी खरीद लेते हैं।

फंडा यह है कि इस दुनिया में एक ही चीज स्थायी है और वह है बदलाव। जो लोग बदलाव के साथ तैरना जानते हैं, उन्हें बदलते बाजार में ज्यादा एक्सपोजर मिलता है। दूसरी ओर जो लोग बदलाव की धारा के खिलाफ तैरना चाहते हैं, वे इस जबरदस्त प्रतिस्पर्द्धा में थक जाते हैं। हम इन पानवालों से आधुनिक प्रबंधन के बारे में काफी कुछ सीख सकते हैं।

□

सही नियोजन के साथ छोटा रोज़गार भी दे सकता है बड़ा मुनाफा

अन्नादुरई की आर्थिक स्थिति अच्छी नहीं थी। वह किसी तरह अपने परिवार के भरण-पोषण लायक कमा पाता था और भविष्य के लिए कुछ नहीं बचा सकता था। ऐसा नहीं है कि वह बचत करना नहीं चाहता था, लेकिन आजीविका से जुड़े खर्च उसे ऐसा करने की इजाजत नहीं देते थे। अन्नादुरई चेन्नई में रहनेवाला एक 28 वर्षीय ऑटो ड्राइवर है। वह दूसरे ऑटोरिक्शा चालकों से अलग नहीं है, लेकिन आज हर कोई उसके ऑटोरिक्शा में सवार होना चाहता है, क्योंकि वह अपने ग्राहकों को कुछ ऐसी सेवाएँ मुहैया कराता है, जो उसके बाकी प्रतिस्पर्द्धी नहीं दे पाते।

एक दिन जब वह एयरपोर्ट से दो लोगों को अपने ऑटोरिक्शा में लेकर आ रहा था तो रास्ते में उसने उन्हें एक एयरलाइन कंपनी के बारे में बात करते हुए सुना, जो अपने विमानों को जमीन की बजाय हवा में रखती हैं। ऑटो में बैठा एक शख्स अपने साथी को समझा रहा था कि यदि वह एयरलाइन लगातार अपने विमानों को उड़ानों में व्यस्त न रखे तो मुनाफा नहीं कमा सकती। उनकी बातचीत का सार यह था कि विमानों को जमीन पर नहीं रहना चाहिए।

उनकी बातों से अन्नादुरई को एक आइडिया मिल गया। उसे लगा कि उसके ज्यादातर साथी ऑटो चालक कतार में खड़े रहते हुए अपनी बारी आने का इंतजार करते रहते हैं और इस चक्कर में उनका काफी समय बरबाद होता

है। उसने एक तरकीब निकाली, ताकि वह लाइन में खड़े होकर इंतजार करने की बजाय हमेशा सड़कों पर चलता रहे। उसने अपने ग्राहकों की उम्र, उनकी प्राथमिकताओं इत्यादि के बारे में गहराई से विश्लेषण करने के बाद ऐसी युक्ति निकाली, जिससे वह मुनाफा कमा सकता था। आज उसकी मासिक शुद्ध आय 30,000 रुपए तक है। चेन्नई में थिरुवन्मयूर नामक एक छोटा सा उपनगरीय स्टेशन है, जहाँ से कई आईटी पार्क नजदीक पड़ते हैं। अन्नादुरई के 98 फीसदी ग्राहक इन आईटी पार्कों में काम करनेवाले युवा प्रोफेशनल्स होते हैं। इस स्टेशन से उनके कार्यस्थल तक आने-जाने में तकरीबन 30 मिनट का समय लगता है। ऐसे में यदि कोई स्मार्ट ड्राइवर है तो वह क्या करेगा? वह उन्हें पढ़ने के लिए पत्र-पत्रिकाएँ दे सकता है, ताकि उनका वक्त गुजर सके, लेकिन अन्नादुरई ने एक कदम आगे की सोची। उसका ऑटोरिक्शा वाई-फाई सुविधा से लैस है। जैसे ही कोई ग्राहक उसके ऑटो में बैठता है, वह उसे अपना वाई-फाई पासवर्ड दे देता है। इस तरह अगले 30 मिनट तक वह ग्राहक नेट सर्फिंग में डूबा रहता है और उसे इस थकाऊ सफर का एहसास ही नहीं होता। कभी-कभार कुछ युवा संघर्षरत ग्राहकों के पास मोबाइल तो होता है, लेकिन यह करेंट जेनरेशन का फोन या स्मार्टफोन नहीं होता। ऐसे लोगों के लिए अन्नादुरई के पास एक और समाधान है। वह उन्हें एक बड़े आकार का टैबलेट देता है। इस पर उसके ग्राहक मेल चेक कर सकते हैं, फेसबुक इत्यादि पर चैटिंग कर सकते हैं। इस तरह वे अपने गंतव्य स्थल तक पहुँचने के बाद खुशी-खुशी उसके ऑटो से उतरते हैं। कई बार ये युवा आईटी कर्मचारी ऑटो में बैठकर रास्ते में ही अपने इ-मेल वगैरह चेक कर लेते हैं, जिससे उनका ऑफिस में इ-मेल चेक करने का समय बच जाता है।

अन्नादुरई के लिए सोमवार की सुबह का वक्त सबसे ज्यादा व्यस्त होता है। चूँकि कई आईटी कंपनियाँ सुबह 7 बजे से लेकर 10 बजे तक अलग-अलग टाइम पर अपना काम शुरू करती हैं, लिहाजा अन्नादुरई इन तीन घंटों के दौरान लोगों को स्टेशन से उनके कार्यस्थल तक छोड़ने में काफी व्यस्त रहता है। उसे सुबह साढ़े दस बजे के बाद ही थोड़ी फुरसत मिलती है। इसके बाद वह दोपहर दो बजे से रात दस बजे तक व्यस्त रहता है, क्योंकि इस दौरान युवा आईटी प्रोफेशनल्स अपने प्रोजेक्ट की टाइमिंग के हिसाब से अलग-अलग

समय पर अपने कार्यस्थल से वापस जाने के लिए निकलते हैं। अपने ऑटो को अपग्रेड कर इस तरह की तकनीकी सेवाओं से लैस करते हुए वह अब रोज तकरीबन 1000 रुपए का शुद्ध मुनाफा कमा लेता है।

फंडा यह है कि यदि आपमें परिस्थितियों से लड़ने की इच्छाशक्ति हो तो तकदीर अपने दरवाजे खोल देती है। आपकी यह लड़ाई ग्राहकों की जरुरतों को समझते हुए एक योजना के मुताबिक होनी चाहिए। समुचित योजना के साथ चलते हुए एक ऑटो ड्राइवर भी समृद्ध हो सकता है।

□

कम विकल्पों के साथ ज्यादा बिक्री

दिसंबर 2010 में 25 वर्षीय युवा एक्जीक्यूटिव डेविड गोम्स एक दिन अपने परिवार के साथ हाइपर मार्केट में पहुँचा और तकरीबन 700 डॉलर की खरीदारी की। घर लौटने पर परिवार के सदस्यों के बीच इसको लेकर काफी बहस हुई कि उस मेगा स्टोर में उसी कीमत पर उत्पादों के बेहतर विकल्प भी उपलब्ध थे, लेकिन उन्होंने डिस्प्ले में रखे सारे आइटमों पर ध्यान ही नहीं दिया।

दो घंटे बाद उस मेगा स्टोर की रिसर्च टीम ने डेविड गोम्स को फोन किया और उनके परिजनों के साथ उनके स्टोर से जुड़े शॉपिंग अनुभव के बारे में बात करने के लिए वक्त माँगा।

जब मेगा स्टोरवाले उनसे बातचीत के लिए घर आए तो वे अपने साथ डेविड के घरवालों के तमाम आँकड़े लेकर आए थे। गोम्स परिवार ने अपने द्वारा खरीदे गए किसी भी आइटम पर 2.5 सेकेंड से ज्यादा वक्त खर्च नहीं किया था, हालाँकि इन सामानों के वहाँ कम-से-कम 16 से 17 विकल्प उपलब्ध थे। इन तमाम विकल्पों के बावजूद गोम्स परिवार ने विभिन्न ब्रांडों से जुड़े उत्पादों व उनकी कीमतों के बारे में विश्लेषण ही नहीं किया और जो चीज उन्हें पहली नजर में पसंद आई, वह खरीद ली।

टीम इस रिसर्च के साथ वापस लौट गई कि गोम्स परिवार ज्यादा पैसा खर्च कर सकता था, लेकिन अलमारी के खानों में रखे बहुत सारे विकल्पों ने उन लोगों को भ्रमित कर दिया।

दिसंबर 2011 में इस परिवार के साथ फिर इसी तरह की रिसर्च की गई। मंदी के चलते गोम्स परिवार इस बार आर्थिक दबाव में था, फिर भी इसके सदस्यों ने मिलकर 1200 डॉलर की खरीदारी की। इसके बाद लिये गए इंटरव्यू में वे वर्ष 2010 के मुकाबले कहीं ज्यादा खुश नजर आए।

वर्ष 2010 व 2011 के बीच इस स्टोर ने अलमारी में प्रदर्शित होनेवाले हरेक

आइटम के विकल्पों की संख्या को व्यवस्थित ढंग से घटाते हुए खरीदारों के लिए विकल्प चुनना आसान बना दिया। वालमार्ट ने क्रिसमस के लिए मोमबत्तियों के विकल्प घटा दिए, जिससे उसकी बिक्री 65 फीसदी तक बढ़ गई। प्रॉक्टर ऐंड गैंबल ने स्किन केयर सोप के विकल्पों में एक-तिहाई और डिटर्जेंट्स में 20 फीसदी तक कमी कर दी, जिससे इनकी बिक्री क्रमश: 40 व 45 फीसदी तक बढ़ गई।

ग्राहकों के बरताव का यह पैटर्न अलग-अलग खरीदार, स्टोर व शहर के हिसाब से अलग-अलग हो सकता है। मिसाल के तौर पर युवा खरीदारों में किसी एक ब्रांड के प्रति समर्पित होने की बजाय एक ही केटेगरी में कई तरह के उत्पाद खरीदने की प्रवृत्ति होती है। जैसे कि कोई खरीदार अपने पूरे महीने के इस्तेमाल के लिए चार अलग-अलग तरह के नहाने के साबुन खरीदता है, लेकिन जब उसी उपभोक्ता को चार साबुनों का एक पैकेज 12 फीसदी कम कीमत के ऑफर के साथ दिया जाता है, तो वह उसी ब्रांड पर टिक सकता है।

युवाओं में खरीदारी की इस प्रवृत्ति को देखते हुए वालमार्ट जैसे कई रिटेलर अपने उत्पादों की तीन या चार इकाइयों की पैकेजिंग लेकर आए हैं, जिनकी कीमतें 12 से 18 फीसदी तक कम हैं।

हालाँकि खरीदारी करते समय इस तरह की स्कीम खरीदारों को फायदेमंद लगती है, लेकिन पूरे महीने एक जैसी चीज इस्तेमाल करने के बाद कहीं-न-कहीं वे इससे ऊब भी जाते हैं। यदि उन्होंने एक-दो रुपए ज्यादा चुकाए होते तो वे महीने में चार अलग-अलग तरह के साबुन से नहा सकते थे।

टेस्को हर महीने वैश्विक स्तर पर इस तरह के चार अरब डाटा का विश्लेषण करता है कि खरीदार ने क्या खरीदा, क्या इसकी बिक्री पूरी कीमत पर हुई, यह ब्रांडेड उत्पाद था या कोई लोकल लेबल, क्या इसे खुद के लिए खरीदा गया या फिर घर के किसी और सदस्य के लिए इत्यादि-इत्यादि। इसके बाद वह इलाके में आबादी की स्थिति के हिसाब से खरीदारों की आदतों का वर्गीकरण करता है। इस तरह की खोज का यही नतीजा है कि कम विकल्प होने पर कन्फ्यूजन कम होता है और बिक्री बढ़ती है। यह दिवाली में शॉपिंग के लिहाज से अहम् सबक हो सकता है।

फंडा यह है कि यदि आप अपने स्टोर के शोकेस में कम विकल्प देते हुए उत्पाद की गुणवत्ता पर फोकस करें तो ग्राहक आपके यहाँ से ज्यादा सामान खरीदेगा।

□

जोखिम लेने से ही बढ़ता है व्यापार

इंटरनेट पर एक जोक बार-बार देखा गया है। एक युवा चतुर व्यापारी नए बिजनेस को जानने की खातिर किसी कंपनी में कर्मचारी के तौर पर काम करता है। गुर सीखने के बाद वह कंपनी छोड़ना चाहता है। उसने सोचा कि वह कंपनी छोड़े, इससे बेहतर होगा कि बॉस उसे निकाल दे। उसने कुछ क्रेजी करने का निर्णय लिया।

एक दिन ऑफिस में वह अचानक छत पर किसी सहारे से उलटा लटक गया और अजीब-अजीब आवाज निकालने लगा। कुछ देर में उसका बॉस ऑफिस आया और उससे पूछा, ''क्या कर रहे हो?'' युवा व्यापारी ने जवाब दिया कि वह तो बल्ब है। रोशनी दे रहा है। बॉस ने उससे कहा, ''तुम्हारी तबीयत ठीक नहीं है। तनाव में हो। घर जाओ। दो दिन छुट्टी पर रहो और स्वस्थ होकर लौटना।'' युवा व्यापारी नीचे कूदा और बाहर चला गया। उसका एक सहकर्मी भी व्यापार करना चाहता था। उसने भी पहले युवा व्यापारी की तरह हरकत की। अब बॉस ने उससे पूछा, ''और तुम बताओ, कहाँ जाना चाहते हो?'' उसने कहा, ''मैं घर जा रहा हूँ। मैं इस अँधेरे में काम नहीं करना चाहता हूँ।'' दोनों बाहर गए और फिर ऑफिस नहीं लौटे। एक महीने बाद उन दोनों ने विदेश में अपना बिजनेस शुरू किया।

व्यापारी वर्ग हमेशा जोखिम लेता है और इसी से वह धन कमाता है। मुझे हमेशा इस बात पर हैरानी होती रही है कि मारवाड़ी कोलकाता और गुजराती मुंबई कैसे आ गए। पंजाबी कनाडा कैसे पहुँच गए।

कृष्ण कुमार बिड़ला ने अपनी आत्मकथा 'ब्रशेज विद हिस्टरी' में लिखा है, मारवाड़ी 16वीं शताब्दी तक राजस्थान के भीतर ही सीमित थे। अकबर के शासनकाल में मानसिंह और आमेर के राजा ने देश के दूसरे हिस्सों में भी विजय हासिल की। मारवाड़ी भी उनके साथ राजस्थान से बाहर निकले और फिर कुछ ही दशकों में

तेजी से देश भर में फैल गए। मारवाड़ियों को कोलकाता में कपड़े के व्यापार में खूब कामयाबी मिली, क्योंकि बंगाली व्यवसायी नहीं थे।

बीआर अंबेडकर अपने एक लेख 'महाराष्ट्र ऐज ए लिंग्विस्टिक प्रोविंस' में कहते हैं कि बनियों को सूरत से मुंबई ब्रिटिश लाए, ताकि न्यूपोर्ट बंदरगाह पर काम शुरू हो सके। मराठियों में भी व्यापारिक वर्ग नहीं था। ब्रिटिश जल्दी में थे। वे विक्टोरिया टर्मिनल्स से हावड़ा तक रेललाइन जल्दी शुरू करना चाहते थे, ताकि विदर्भ में पैदा होनेवाला कपास मुंबई और कोलकाता से मैनचेस्टर कम-से-कम समय में भेज सकें। मैनचेस्टर में मील के कर्मचारी कई बार कपास के इंतजार में खाली बैठे रहते थे।

1914 में जापान का एक जहाज 'कामा गाटा मारू' 376 यात्रियों को कनाडा में वेंकूवर के निकट ननिओवा द्वीप लेकर गया, लेकिन सिर्फ 20 लोगों को आईलैंड में उतरने की इजाजत दी गई। बाकी लोगों को लौटना पड़ा। कुछ ही लोग घर पहुँच सके। अधिकतर लोगों की रास्ते में मौत हो गई। कई उद्यमी लोगों में से एक मायो सिंह ने लकड़ी बेचने से अपने व्यापार की शुरुआत की थी। फिर फर्नीचर बेचने लगे। बाद में उन्होंने खुद की रेलवे लाइन बनाई। कई रेलवे इंजन और बोगी के मालिक बने। इतना ही नहीं, 1930 में कई विमान भी उनके पास थे। उन्होंने अपने कई सिख दोस्तों को रोजगार दिया और सिखों की एक बस्ती ही बसा दी। बाद में उन्होंने इस बस्ती को पाल्दी नाम दिया। पाल्दी, जालंधर के करीब वह गाँव है, जहाँ उनका जन्म हुआ था। अब पाल्दी (कनाडा) में 90 फीसदी लोग भारतीय सिख हैं। यहीं से कई सिख बाद में अमरीका चले गए। उन्होंने कैलिफोर्निया में रहना शुरू किया। पहला गुरुद्वारा इन्होंने ही सनॉसे में बनाया।

फंडा यह है कि बिना जोखिम के बिजनेस कभी भी सफल नहीं हो सकता।

□

अच्छी प्लानिंग हो तो बच सकते हैं मंदी से

एक तरफ देश में त्योहारों का सिलसिला शुरू हो चुका है तो दूसरी तरफ अमरीका में व्हाइट हाउस ने सोमवार देर रात सरकारी एजेंसियों को शटडाउन की तैयारी करने का फरमान सुना दिया। इससे पहले सरकार के स्पेंडिंग बिल पर रिपब्लिकन और डेमोक्रेटिक पार्टियों के बीच कांग्रेस में सहमति नहीं बन पाई। इसके लिए सोमवार आधी रात तक का समय कांग्रेस के पास था।

अमरीका जैसा बड़ा उपभोक्ता और खर्च करनेवाला देश अपने दरवाजे बंद कर रहा हो तो कोई क्या कर सकता है? या तो चुपचाप बैठा रहे या फिर खुद को बदले, समय की जरूरतों के अनुसार ढाले। भारतीय उद्यमी ऐसी चीजों से ज्यादा परेशान नहीं होते। चाहे कैसी भी मंदी का माहौल हो, वे इससे बचने का तरीका ढूँढ़ लेते हैं। वे अपनी रणनीति बदलते हैं, खुद को बदलते हैं और नई शुरुआत करते हैं।

आईटी कंपनियों में स्टाफ को इस तरह की ट्रेनिंग दी जाती है, लेकिन छोटे व्यवसायी भी अपना बिजनेस बढ़ाने के लिए हरसंभव तरीके अपनाने में पीछे नहीं हैं। इसका एक उदाहरण देखिए। वेडिंग हॉल मालिक रात को उसे डॉर्मेटरी के रूप में चला रहे हैं, प्ले स्कूल में कभी-कभार बच्चों की बर्थ-डे पार्टी भी आयोजित हो जाती है तो देश के कई हिस्सों में पार्टी हॉल कॉरपोरेट सेमिनार की भी मेजबानी कर रहे हैं। इनके मालिक समाज की बदलती जीवनशैली के अनुरूप अपनी जगह का इस तरह के आयोजनों के लिए जरूरी मेकओवर कराने में पीछे नहीं हैं। आयोजक इसके जरिए खर्च करना चाहते हैं तो प्रॉपर्टी के मालिक अपनी कमाई बढ़ाना चाहते हैं। इन शुरुआतों से सितारा होटलों में कॉरपोरेट मीटिंग, घरों में सगाई की पार्टियाँ और स्कूल के प्लेग्राउंड में छोटी-मोटी पार्टियों का आयोजन बीते जमाने की बात बनकर रह गया है।

शुक्रवार को खत्म हुए श्राद्ध के दौरान ताज ग्रुप जैसे बड़े होटलों में भी शादी की रस्मों का आयोजन हो रहा था। होटल के सभी कर्मचारियों को इसमें भाग लेना अनिवार्य था। होटल के प्रबंधन द्वारा सभी विभागों के मुखिया को इसके प्रशिक्षण की व्यवस्था की गई थी। बजट और समय की कमी के चलते हर परिवार इस तरह का आयोजन घर के बाहर करना चाहता है। इससे नए आयोजन स्थलों के लिए मौके बढ़ रहे हैं। इसमें खर्च भी कम आता है। सामान्य आयोजनों के मुकाबले एक-तिहाई राशि में ही काम चल जाता है। दूसरा फायदा यह है कि मेजबान को कोई चिंता नहीं रहती। समारोह के आयोजन का सारा दारोमदार आयोजक के सिर होता है।

प्ले स्कूल दोपहर तीन बजे के बाद खाली होते हैं और आराम से वहाँ बर्थ-डे पार्टियाँ आयोजित हो जाती हैं। स्कूल भी शाम छह बजे के बाद बंद हो जाते हैं और उनके मैदान में डिनर पार्टियों का आयोजन संभव है, जिनमें 500 लोग तक शामिल हो सकते हैं। ऐसे आयोजनों के लिए जरूरी सुविधाएँ भी इन स्कूलों में मौजूद होती हैं। कुछ ऐसी वेबसाइट भी है जिन पर चेन्नई महानगर के ऐसे जगहों की पूरी लिस्ट मौजूद है, जहाँ कुछ घंटों के अंदर भोजन, गिफ्ट और ऐसे आयोजनों के लिए जरूरी अन्य सुविधाएँ जुटाई जा सकती हैं। आप किसी भी चीज के बारे में पूछें, इवेंट मैनेजर न नहीं करता।

आपको केवल थोड़े ज्यादा पैसे खर्च करने होंगे। लोगों ने शादियों के लिए सितारा होटलों को चुनना शुरू किया तो वेडिंग हॉल मालिक अपनी जगह का इस्तेमाल प्रदर्शनी और सेमिनारों के लिए करने लगे। हरियाणा के अंबाला में शगुन बैंकेट हॉल पहले शादियों के लिए मशहूर था, लेकिन अब वहाँ भी ऐसे आयोजन हो रहे हैं। वेडिंग-हॉल मालिकों का एक ही लक्ष्य है, जगह खाली नहीं रहनी चाहिए। उसका उपयोग होते रहना चाहिए। शादियाँ वैसे भी साल में बमुश्किल सौ दिन होती हैं, बाकी 265 दिनों में कमाई के लिए वे इस तरह के तरीके अपना रहे हैं।

फंडा यह है कि यदि आप सही तरीके से योजना बनाएँ और उसे अमल में लाएँ तो आपका बिजनेस मंदी की मार से बचा रह सकता है।

□

फूलों के बिजनेस में लाभ पक्का है

पश्चिम बंगाल और बिहार की सीमा पर एक कस्बा है—विद्यासागर। विकास गुट गुटिया के पूर्वज राजस्थान के झुंझुनूँ से यहाँ आए थे। वह भी इसी कस्बे में बड़ा हुआ। उसके पिता बिहार से फूल उगाकर यहाँ सप्लाई करते हैं, जबकि उसके चाचा कोलकाता में इस बिजनेस को देखते हैं। उसके परिवार का इतिहास ही ऐसा है कि अलग-अलग फूलों के नाम, उन्हें किस तरह संरक्षित रखा जाता है, कैसे हैंडल किया जाता है, यह सब उसके खून में शामिल हो चुका था।

कोलकाता से ग्रेजुएशन करने के बाद वह अपना बिजनेस शुरू करने के मकसद से मुंबई आ गया, लेकिन अपनी उम्र के दूसरे युवाओं की तरह उसे भी प्यार हो गया। जो लड़की उसे पसंद आई उसका नाम मीता था और वह दिल्ली में रहती थी। वह इस बात को अच्छी तरह जानता था कि अगर किसी लड़की को उपहार में फूल दिए जाएँ तो वह कभी गुस्सा नहीं होती। इस तरह से उसके सामने अपने दिल की बात का इजहार भी किया जा सकता है। उसे यह भी पता था कि वह फूलों का सबसे बढ़िया गुलदस्ता बना सकता है, क्योंकि यह सब तो उसे पहले ही आता है।

सो, उसने दिल्ली का फूल बाजार छान मारा। इसी दौरान उसे खुशकिस्मती से राजधानी के इस बाजार की दयनीय स्थिति का भी पता लगा। उसने यहाँ से कुछ फूल खरीदे। उनका गुलदस्ता बनाया और मीता से मिला। अपने उपहार से उसे इस कदर प्रभावित किया कि वह आगे चलकर उसकी पत्नी बन गई। उसी शाम वह अपने कुछ दोस्तों से मिला। दिल्ली के फूल बाजार की स्थिति पर चर्चा की और यहीं से उसके दिमाग में राजधानी में फूलों की दुकान खोलने का विचार आया।

साल 1994 की बात है यह। सिर्फ 5,000 रुपए थे विकास गुटगुटिया के पास। उन्होंने इतने में ही 'फर्न ऐंड पीटल्स' के नाम से दिल्ली में फूलों की बुटीक खोल ली। मकसद था, लोगों को अंतरराष्ट्रीय मापदंडों के उच्च गुणवत्तावाले फूल उपलब्ध कराना, लेकिन रास्ते में चुनौतियाँ भी खूब थीं। उस वक्त उपहार के तौर पर फूल देने का ज्यादा चलन नहीं था और इसके लिए फूलों का कहीं से आयात करना तो किसी ने सुना भी नहीं था।

प्रशिक्षित लोग भी नहीं थे, जो सीधे उगानेवालों से फूल लेकर आ सकें। स्थानीय फूल बाजार तो फूलों को सिर्फ पूजा में चढ़ाने के लिए बेचे जाने लायक ही मानता था। बरबादी भी खूब और अतिरिक्त खर्चे भी। इन सब चीजों को देखते हुए उन्होंने शादी-ब्याह में फूलों की सप्लाई करना शुरू किया। पूजा के अलावा यही एक ऐसा अवसर होता है, जब लोग फूलों की कद्र करते ही हैं।

एक फ्लोरल अकादमी भी बनाई, जहाँ लोगों को फूलों के बारे में प्रशिक्षण दिया जाने लगा। किस फूल को किस तरह संरक्षित रखना है, कैसे व्यवस्थित करना है आदि। सबकुछ यहाँ सिखाया जाने लगा। ऑनलाइन बिजनेस स्थापित किया गया। दूसरे इच्छुक लोगों को फ्रेंचाइजी दी गईं और इस तरह बिजनेस धीरे-धीरे बढ़ने लगा। एक दुकान से 15 दुकानें हो गईं। फ्रेंचाइजी अलग से। सात साल तक बिना लाभ-हानि के ही काम चला।

आज फर्न ऐंड पीटल्स के देश के 47 शहरों में 150 आउटलेट हैं। दुबई, नेपाल, बँगलादेश और श्रीलंका जैसे देशों में अलग। छोटे शहरों में भी आउटलेट खोले जा रहे हैं, जहाँ शादियों का खर्च लगातार बढ़ रहा है और उपहार में फूल देने का चलन भी। कंपनी ने देश में तरुण तहिलियानी और जेजे वाल्या जैसे डिजायनरों से करार कर रखा है। अंतरराष्ट्रीय स्तर पर रॉब वेन हेल्डन और प्रेस्टन बैली जैसे डिजायनर टिप्स देने को उसके लिए उपलब्ध हैं।

देश की रिटेल फ्लॉवर इंडस्ट्री 30 फीसदी की रफ्तार से बढ़ रही है। अगले दो साल में 2015 तक इसके 8,000 करोड़ रुपए का उद्योग हो जाने की उम्मीद की जा रही है। देश की करीब 30 करोड़ की मध्यमवर्गीय आबादी और उच्च वर्ग के लोगों के लिए भी फूलों को उपहार में देने का चलन अब एक संस्कृति बन चुका है।

मतलब यह बिजनेस अब कई गुना बढ़नेवाला है, जिसे फर्न ऐंड पीटल्स जैसी कुछ कंपनियाँ अकेले हैंडल नहीं कर सकतीं। सरकार भी समझ रही है। इसीलिए उसने इस सेक्टर में 191 नई कंपनियों को हरी झंडी दी है। हालाँकि

इनमें 70 ही काम शुरू कर पाई हैं। और हाँ, भारत में गुलाब खूब होते हैं। दुनिया भर के फ्लॉवर बिजनेस में 75 फीसदी हिस्सेदारी गुलाब के फूलों की होती है।

फंडा यह है कि अगर आप नए बिजनेस के बारे में सोच रहे हैं तो फूलों के रिटेल आउटलेट खोलना या उनका निर्यात करना फायदे का सौदा हो सकता है। बस इस बिजनेस के लिए एक ही चीज की जरूरत है—योजनाबद्ध तरीके से तेजी से फैसले लेना।

□

किताबी ज्ञान से ज्यादा वास्तविक ज्ञान काम आता है

हमारे देश के हजारों नौजवान अपनी कहानी को न्यूयॉर्क के जेरेमी यंग से जोड़कर देख सकते हैं। उसे उसके माता-पिता ने आर्ट हिस्टरी का अध्ययन करने के लिए कहा और उसने क्लिंटन के हेमिल्टन कॉलेज में एडमिशन ले लिया। हालाँकि हमारे देश के सुदूर अंचलों में रहनेवाले कई छात्रों की तरह उसे भी इस बात का यकीन नहीं था कि उसकी इस पढ़ाई से उसे जीवन में कुछ कमाई भी हो सकती है। भ्रमित रहने के बावजूद उसने कक्षा पास भी कर ली। तभी किसी ने उसे मशविरा दिया कि उसे बिजनेस मैनेजमेंट का कोर्स करना चाहिए, ताकि वह कोई अपना काम शुरू कर सके। उसे वह सलाह जँच गई। हमारे देश के हजारों एमबीए, एमसीए करनेवाले छात्रों की तरह उसने भी बिजनेस मैनेजमेंट और फाइनेंस में एक क्रैश कोर्स कर डाला। इसी कोर्स के दौरान उसके जीवन में निर्णायक मोड़ आया। वह औद्योगिक इकाई में इंटर्नशिप कर रहा था। वहाँ उसे एक बिजनेस आइडिया देने के लिए मजबूर किया गया। कई दिन सोचने के बावजूद जब कुछ नहीं सूझा तो उसने कह दिया कि वह छात्रों के लिए प्रीपेड लॉन्ड्री सर्विस शुरू करना चाहता है।

हेमिल्टन इंटरप्रेन्योरशिप क्लब, जहाँ वह इंटर्नशिप कर रहा था, की मदद से उसने कुछ रिसर्च की और कक्षा के चार साथियों के साथ हिल फ्रेश लॉन्ड्री शुरू कर दी। चूँकि वे अभी पढ़ ही रहे थे, इसलिए बिजनेस के लिए मशीनरी खरीदने के लिए पूँजी जुटाने के मूड में नहीं थे। उन्हें पूरे समय लॉन्ड्री का बिजनेस तो करना नहीं था। सो, उन्होंने लॉन्ड्री ब्रोकर के तौर पर काम करने का फैसला लिया। योजना बन जाने के बाद उन्होंने एक स्थानीय लॉन्ड्री के साथ समझौता किया। इसमें पहले से ही छात्रों के कपड़े धोने आदि की सेवाएँ दी जा रही थीं, लेकिन

छात्रों की मदद के लिए कोई नहीं था। ये इस तरह की लॉन्ड्री सर्विस लेना चाहते थे, क्योंकि उन्हें लगता था कि कपड़े धोने में काफी समय और जगह दोनों खर्च होता है और ये दोनों ही उनके पास अतिरिक्त नहीं थे।

लिहाजा, जेरेमी और उसके साथियों ने तय किया कि वे इन बच्चों के कपड़े उनके हॉस्टल से लेकर उस लॉन्ड्री पर देंगे, जिसके साथ उनका समझौता है। अगले दिन धुले कपड़ों की डिलीवरी वापस हॉस्टल के छात्रों को दी जाएगी। उन्होंने अपने कॉलेज को इसके लिए राजी कर लिया कि वे अपनी क्लास में आने से पहले कपड़े उठाएँगे और अगले दिन घर लौटने से पहले उनकी डिलीवरी देंगे। इन लोगों का तरीका इतना प्रभावशाली था और बिजनेस इस तरह से प्लान किया गया था कि कहीं से लगता ही नहीं था कि यह छात्रों के द्वारा किया जा रहा कोई काम है। ऐसा लगता था, जैसे बड़ा कॉरपोरेशन है, जो यह काम कर रहा है। इन लोगों की टीम ने कॉलेज कैंपस के करीब 1800 छात्रों को प्रमोशनल सामग्री मेल की। पहले महीने 20 छात्रों ने इनके साथ पैकेज पर दस्तखत किए। किसी छात्र ने 349 डॉलर प्रति सेमेस्टर के हिसाब से और किसी ने 25 डॉलर प्रति सप्ताह के हिसाब से इनसे कपड़े धुलवाने, सुखाने संबंधी सेवाएँ लीं। धीरे-धीरे सेवा का दायरा बढ़ता गया। हिल फ्रेश लॉन्ड्री को नए ग्राहक मिले। पहले 18 महीने में ही इस लॉन्ड्री के पाँचों संस्थापकों ने अपनी 800 डॉलर की पूँजी वापस हासिल कर ली। यही नहीं, इस पर लाभ भी हासिल किया। समय के साथ नए स्टूडेंट इस लॉन्ड्री के साथ पैकेज पर दस्तखत करते गए और काम का दायरा बढ़ता गया। पूरे ग्रेजुएशन के दौरान यंग और उनकी टीम ने यह काम किया। आज भी उनकी कंपनी के साथ करीब 90 फीसदी से ज्यादा पुराने ग्राहक जुड़े हुए हैं। हिल फ्रेश लॉन्ड्री के सबसे बड़े सपोर्टर वे छात्र थे, जो इसकी सेवाओं की कीमत समझते थे, जो पढ़ाई के साथ पार्ट टाइम जॉब भी करते थे।

यंग और उनकी टीम इस साल अपना अकादमिक कोर्स पूरा कर रही है। उनकी योजना इस बिजनेस को आगे भी जारी रखने की है। वे अब दूसरे कॉलेज कैंपस तक भी सेवाओं के अपने इस मॉडल का दायरा बढ़ाना चाहते हैं।

फंडा यह है कि बिजनेस करने के लिए किताबी ज्ञान से ज्यादा जरूरी है कि आप खुद इसे कर के देखें। दिल, दिमाग लगाकर अपने हाथों से। इससे वास्तविक दुनिया का ज्ञान होगा।

□

नए बिजनेस की देखभाल नवजात शिशु के समान करें

उसे याद है कि वह 1970 में महाराष्ट्र के अकोला जिले के छोटे से गाँव श्रीखेड़ में रहता था। उस समय उसकी उम्र साढ़े पाँच साल थी। बचपन में उसने कभी नाश्ता नहीं किया था। सुबह उठने के बाद केवल एक कप चाय ही पीता था। दोपहर के भोजन में केवल कुछ रोटी और रात के खाने में दही और चटनी के साथ रोटी खाता था। वह नंगे पाँव स्कूल जाता था। बरसात में अपने सिर को टाट के बोरे से ढकता था, क्योंकि उसके परिवार के पास छाता खरीदने के लिए पैसे नहीं थे। उसके पास स्वेटर भी नहीं था। केवल स्कूल की एक यूनिफॉर्म थी, जिसे हर रात धो देता और सूखने पर सुबह पहनकर स्कूल जाता था। उन दिनों पेन से लिखने का चलन था, लेकिन उसका परिवार स्याही और पेन का भी खर्च वहन करने की स्थिति में नहीं था। इसलिए उसने लकड़ी के एक टुकड़े को पेन बना लिया था। स्याही अपने दोस्त से उधार में लेकर लिखता था। वह स्कूल में कभी प्रतिभाशाली छात्र नहीं रहा। गणित में बहुत ही कमजोर था। वह प्रत्येक प्रश्न का उत्तर दो बार चेक करने के बाद ही देता था। यही आदत उसे आगे जीवन में बहुत काम आई।

1973 में उसका परिवार कलीना के दो बेडरूम के फ्लैट में चला गया। मुंबई में उसके पिता को सरकारी नौकरी मिल गई। उस समय खाड़ी-देशों में काम करने के लिए जाने का चलन था। उसके पिता ने भी दुबई के जेबेल अली में नौकरी के लिए आवेदन कर दिया और उन्हें बतौर स्टोर-मैनेजर नौकरी मिल गई तथा पूरा परिवार वहाँ चला गया। 1984 में उसके पिता ने जेबेल अली की नौकरी छोड़ दी और 4,500 दिनार से दुबई में एक स्टोर खोला। उस समय वह 22 साल

का हो गया था। उसके पिता ने दो युवाओं को नौकरी पर रखा। स्टोर में इतना काम था कि चारों लोग व्यस्त हो गए। वह अमरीका की लिबर्टी यूनिवर्सिटी से बिजनेस एडमिनिस्ट्रेशन की पढ़ाई कर रहा था। पढ़ाई के दौरान उसने पाया कि उसका कोर्स व्यवसाय करने के व्यावहारिक अनुभव पर आधारित था। वह तो यह सब पिछले कई वर्षों से करता आ रहा है। बिजनेस एडमिनिस्ट्रेशन का सर्टिफिकेट मिलने के बाद भी उसे अपने स्टोर में काम करने में किसी तरह की झिझक नहीं हुई। उसके पिता ने उसे कभी स्टोर का मालिक होने का एहसास नहीं होने दिया। उन्होंने उसे अपने स्टोर के सभी काम करने की ट्रेनिंग दी थी। शुरुआत में उसकी साधारण किराना दुकान थी। उन्हें जल्द ही एहसास हुआ कि उनकी दुकान पर आनेवाले भारतीयों की जरूरतें कुछ अलग हैं। वे उस जायके की तलाश में रहते हैं, जिसके वे बचपन से आदी हैं। वे शैंपू, मैंगो की कैंडी और मिक्स मसाले बच्चों की तरह उत्साह से खरीदते हैं। इन चीजों के अलावा उन्होंने सिखों की दाढ़ी को फिक्स करनेवाला जेल और केश निखार शेंपू भी बेचना शुरू किया। उनकी किराना दुकान शुद्ध भारतीय खाद्य-पदार्थों के लिए मशहूर हो गई। जब वह स्टोर चलाने के लिए पूरी तरह से तैयार हो गया तो उसके पिता ने उसे पूरा व्यवसाय सौंप दिया।

अब मिलिए उस व्यक्ति से। वे हैं अल आदिल ग्रुप के धनंजय दतार। वे कभी एक साइकिल नहीं खरीद सकते थे, आज लग्जरी कार रॉल्स रायल्स चलाते हैं। उनके संयुक्त अरब अमीरात में 29 स्टोर हैं। उनकी मसाले और आटे की चार मिले हैं। 500 लोग उनके व्यवसाय को चलाते हैं। जहाँ वे आठ हजार से ज्यादा आयटम भारत से लाकर बेचते हैं। वे एक दिन में 300 टन माल बेचते हैं।

फंडा यह है कि नए बिजनेस का नवजात शिशु के समान पालन-पोषण करना पड़ता है। बदले में कोई अपेक्षा नहीं रखी जाती है। धैर्य और प्रेम के साथ आप पसीना बहाएँगे तो अंत में फायदा होगा।

□

किसी एमएनसी से कम नहीं है जानवर चराने का काम

पुराने जमाने में जब बच्चे ठीक से नहीं पढ़ते थे, तो उनके माता-पिता कहते, "अगर तुम पढ़ोगे-लिखोगे नहीं तो जानवर चराने लायक भी नहीं रहोगे।" शायद यह उनकी दूरदृष्टि रही होगी। वे जानते थे कि जानवरों को चराने के काम के लिए भी उतना ज्ञान होना चाहिए, जितना किसी मल्टीनेशनल कंपनी (एमएनसी) को चलाने के लिए चाहिए। यह कहानी उन जानवर चरानेवाले लोगों की है, जो कभी स्कूल या कॉलेज नहीं गए और आज अपनी एक कंपनी के सीईओ या डायरेक्टर हैं।

चिन्नापोट्टीपुरम का नाम कैसे रखा गया, यह कोई नहीं जानता। तमिल में शिन्ना का अर्थ छोटा, पोट्टी का अर्थ बॉक्स और पुरम का अर्थ रहने की जगह होता है। आज यहाँ के लोगों को अपनी कमाई रखने के लिए बड़े बक्से की जरूरत पड़ती है।

तमिलनाडु के थेनी जिले में ग्रीन बेल्ट में बसा चिन्नापोट्टीपुरम चेन्नई से 498 किमी, बेंगलुरु से 460 किमी और मदुरै से 76 किमी दूर है।

यह तमिलनाडु का सबसे अहम् और खूबसूरत जिला है, जहाँ चारों ओर हरियाली छाई है। यहाँ जानवर चराते गरीब लोगों को देखा जा सकता है। पश्चिमी घाट से घिरा हुआ यह क्षेत्र भारत का प्रमुख तीर्थ-स्थल है। यदि आप यहाँ एक बार भी आए हों, तो यहाँ जानवर चरानेवाले लोगों को देखकर मंत्रमुग्ध हो जाएँगे। विस्मय के साथ आपके मोबाइल को देख रहे चरवाहे उसे छूने के लिए आपकी इजाजत माँगते हैं। इसके बदले में वे एक गाइड के रूप में आपकी मदद करते हैं। आज जानवर चरानेवाले इन किसानों का समूह देश के कई राज्यों की यात्रा कर रहा है। वे धड़ल्ले से मोबाइल का उपयोग करते हैं।

वे जानते थे कि बकरी के गोश्त की काफी माँग है, लेकिन दलाल उनके

जानवरों का वजन किए बिना उनका दाम तय करते। वे यह भी जानते थे कि दलाल उनसे कम दाम में बकरियाँ खरीदकर ऊँचे दामों में बेचकर भारी मुनाफा कमाते हैं। वे इन दलालों से मुक्ति पाना चाहते थे, लेकिन यह नहीं जानते थे कि कैसे?

इसके बाद महिलाओं के साथ काम करनेवाले विदियाल नाम के एनजीओ के साथ इफको के किसान संचार लिमिटेड ने इनकी मदद की। पहली बार 500 से अधिक महिलाएँ इनके साथ जुड़ीं। मोबाइल फोन पर उन महिलाओं और अन्य लोगों ने वॉइस मेल के जरिए बकरी-पालन की जानकारी सीखी।

दरअसल, इस वॉइस मेल आइडिया से उनकी आय अच्छी होने के बाद वे महाराष्ट्र के सोलापुर गए। वहाँ उन्होंने नेशनल एग्रीकल्चरल रिसर्च इंस्टीट्यूट के लोगों से कामकाज की बारीकियों के बारे में जाना। अब इस महीने वे केरल और आंध्र प्रदेश जानेवाले हैं। इन यात्राओं से बाजार में मोलभाव करने की उनकी क्षमता में सुधार आया। अब वे जानते हैं कि प्रतिस्पर्धी कीमतों में बकरियों को कैसे खरीदें-बेचें और सस्ता चारा कैसे खरीदें। सरकारी एजेंसियों से कई दवाएँ और वैक्सीन मुफ्त में या आधी कीमतों पर कैसे लें। साथ ही अपने चौपाए जानवर का बीमा कैसे कराएँ, ताकि उसके साथ कुछ अप्रिय घटने पर इसका असर उन लोगों की आर्थिक हालात पर न पड़े।

एक समूह, जिसने कंपनी बनाई है, वह जल्दी ही उसे कंपनीज (एमेंडमेंट) ऐक्ट, 2002 के तहत रजिस्टर कराने जा रहा है। इसके शेयर की कीमत 250 रुपए फिक्स की गई है। कोई सदस्य इसके चाहे जितने शेयर खरीद सकता है। वार्षिक डिविडेंड के अलावा अधिक कारोबार करनेवाले सदस्यों को बिजनेस इंसेंटिव देने की योजना है। यहाँ यह बताना जरूरी है कि राजस्थान सरकार ने ऐसे तरीकों की शुरुआत की है, जिससे चरवाहों को कंपनी बनाने में मदद मिले। इसके लिए प्रशासनिक खर्च घटाया गया है और अन्य सुविधाओं को आसान बनाया गया है।

फंडा यह है कि कोई भी व्यक्ति जानवरों को चराने जैसे किसी भी असंगठित व्यवसाय को आधुनिक बिजनेस में बदल सकता है। थोड़ी सी पहल, योजना, उसे अमल में लाने की इच्छाशक्ति और कठिन परिश्रम से चमत्कार किया जा सकता है। यह एक छोटे से बिजनेस को एमएनसी में बदल सकता है।

□

काबिल बनने के लिए नियमित प्रैक्टिस जरूरी

दो दिन पहले जब राँची पुलिस ने फायरिंग प्रेक्टिस का आयोजन किया तो आधे से ज्यादा शीर्ष पुलिस अधिकारी लक्ष्य पर निशाना साधने में नाकामयाब रहे। झारखंड के कई वरिष्ठ पुलिस अधिकारी, जिनमें भारतीय पुलिस सेवा के अधिकारी भी शामिल थे, सही निशाना नहीं लगा पाए। यह हालत उस वक्त है, जबकि पिछले दशक में माओवादी इस राज्य में 400 से ज्यादा सुरक्षाकर्मियों की हत्या कर चुके हैं। इनमें छिपकर गोली चलाने में माहिर स्नाइपर्स भी शामिल हैं। माओवादी नियमित रूप से शूटिंग की प्रैक्टिस करते हैं। दूसरी ओर राज्य में हजारों पुलिसकर्मी हैं, जिन्होंने पिछले चार साल में एक बार भी गोली नहीं चलाई है। फायरिंग प्रैक्टिस में अधिकांश अधिकारी दूर और पास से लक्ष्य पर निशाना साधने में असफल रहे और अलग-अलग अवस्थाओं जैसे झुककर, लेटकर या बैठकर लक्ष्य को भेदने में उनका प्रदर्शन और भी खराब रहा।

कुछ वरिष्ठ पुलिस अधिकारियों ने मीडियाकर्मियों को बताया कि कई पुलिसकर्मी एके-47, एसएलआर और लाइट मशीनगन जैसे आधुनिक हथियार चलाना जानते तक नहीं, जबकि माओवादी इनके इस्तेमाल में सिद्धहस्त हैं। जब वे दिन के उजाले में पुलिस बल पर घात लगाकर आक्रमण करते हैं, तब अपनी इस क्षमता का भरपूर उपयोग करते हैं। राज्य पुलिस पिछले चार साल से सालाना अलग-अलग दूरी से रेंज फायरिंग का आयोजन कर रही है, लेकिन इसमें अधिकांश कर्मी असफल होते हैं।

क्रिकेट खिलाड़ी प्रैक्टिस करते हैं, क्योंकि अमूमन हर सप्ताह मैचों में रन बनाने होते हैं। गायक रियाज करते हैं, क्योंकि उन्हें भी नियमित रूप से परफॉर्मेंस

देनी होती है। क्रिकेटर या खिलाड़ी की तरह पुलिसकर्मियों को नियमित रूप से इस तरह प्रैक्टिस करने की जरूरत शायद नहीं है, लेकिन जब माओवादी जैसे असामाजिक तत्त्व हर सप्ताह आप पर हमले कर रहे हों तो ज्यादा प्रैक्टिस करना वक्त की जरूरत है। मशहूर लेखक और प्रशिक्षक मैल्कम ग्लैडविल ने अपनी किताब आउटलायर्स में बताया है कि अपने चुने हुए क्षेत्र में कोई व्यक्ति एक्सपर्ट तभी हो सकता है, जबकि उसने एक निश्चित समय-सीमा के अंदर उसकी नियमित रूप से कम-से-कम दस हजार घंटे प्रैक्टिस की हो। उनका दावा है कि अलग-अलग खेलों के खिलाड़ी इतनी प्रैक्टिस के बाद ही ओलंपिक और अन्य वैश्विक स्पर्धाओं में भाग ले पाते हैं। अभी चल रहे आईपीएल पर ही नजर डालें तो इसके मुकाबले अब तक काफी रोचक और नजदीकी रहे हैं तथा सर्वश्रेष्ठ प्रतिभाएँ जीत के लिए अपना सारा जोर लगाने से नहीं चूकती हैं। इसका कारण केवल भरपूर पैसा ही नहीं है, बल्कि छह सीजन में खिलाड़ी चुनौतीपूर्ण परिस्थितियों से निबटने में पारंगत हो चुके हैं।

इसी लीक पर सोचते हुए गुजरात टेक्नोलॉजिकल यूनिवर्सिटी ने जमीनी स्तर पर नई चीजों की शुरुआत करनेवाले लोगों को अपने छात्रों को इनोवेशन के बारे में बताने के लिए आमंत्रित किया। इस साल 25 मार्च को शुरू हुए इस कार्यक्रम के पीछे स्पष्ट सोच है कि यूनिवर्सिटी की चहारदीवारी के अंदर रहनेवाले शिक्षक छात्रों को इनोवेशन की शिक्षा नहीं दे सकते। यूनिवर्सिटी के अधिकारियों का मानना है कि छात्र जमीनी स्तर पर काम करनेवाले लोगों से तकनीक की समस्याएँ और नई शुरुआतों में इसकी भूमिका को बेहतर तरीके से समझ पाएँगे। नेशनल इंस्टीट्यूट ऑफ डिजाइन तथा आईआईएम अहमदाबाद भी अलग-अलग क्षेत्रों के सर्वश्रेष्ठ इनोवेटर को आमंत्रित कर रहे हैं।

फंडा यह है कि किसी भी क्षेत्र या विषय में पारंगत होने के लिए प्रैक्टिस अनिवार्य है। आप जितना ज्यादा प्रैक्टिस करेंगे, उतने ही ज्यादा सिद्धहस्त होंगे।

□

पारदर्शिता भी आपको फर्श से अर्श तक पहुँचा सकती है

उसने इंजीनियरिंग का व्यवसाय 1990 में अपनी पहली कंपनी की स्थापना के साथ शुरू किया था। उसने इंजीनियरिंग के बिजनेस में इसलिए शुरुआत की, क्योंकि हरियाणा के रेवाड़ी जिले के एक प्रतिष्ठित कॉलेज ने उसे एम. कॉम के लिए एडमिशन देने से इनकार कर दिया था।

किसी तरह का इंजीनियरिंग बैकग्राउंड न होने तथा कॉमर्स के क्षेत्र से आने के बावजूद उसकी जिद थी कि वह दूसरों से बेहतर करके दिखाएगा। जब उसने अपना पहला मैटेरियल डिलीवर किया तो उसे धारूहेड़ा और रेवाड़ी जिले के बीच सोहना में स्थित कंपनी कॉन्टीनेंटल वैल्यू तक पैदल जाना पड़ा। वह भी 26 किलो का वजन अपने हाथों से उठाकर। तब इसकी वजह यह थी कि उसके पास ताँगेवाले को देने के लिए जो 4 रुपए थे, उनके वह केले खा चुका था। उस दिन वह इतना भूखा था कि उसने ताँगे से जाने की बजाय 40 डिग्री के तापमान में भारी लोहे को उठाकर पैदल जाना बेहतर समझा।

कुछ इसी तरह हुई थी परफेक्ट इंजीनियरिंग कंपोनेंट प्राइवेट लिमिटेड के निदेशक तथा धारूहेड़ा के रहनेवाले ईश्वर सैनी के इंजीनियरिंग व्यवसाय की शुरुआत। ईश्वर ने अपने गृहनगर में लेथ मशीन लगाकर कंपनी की शुरुआत की थी। उन्होंने कंपनी में 10 करोड़ रुपए का इन्वेस्ट कर उसे नई ऊँचाइयाँ दे दी हैं।

आज कंपनी का सालाना टर्न-ओवर 18 करोड़ रुपए हो गया है। इसमें 120 संतुष्ट कर्मचारी तीन यूनिटों में काम करते हैं। इनमें से एक यूनिट राजस्थान और दो हरियाणा के अन्य जिलों से अपने उत्पादों का निर्माण कर रही हैं। वे निर्यात भी करते हैं। 1992 में उन्होंने हीरो होंडा के लिए व्हील असेंबलिंग मशीन के मेंटेनेंस

का काम शुरू किया था। उन्होंने 1200 व्हील असेंबली मशीन का एक सेट बनाया, जबकि इतने ही संसाधन में उनकी प्रतिद्वंदी बजाज ऑटो केवल 280 यूनिट ही बना पाई थी। सैनी की कंपनी के 18 कर्मचारी इसे बना रहे थे, जबकि दूसरी कंपनी ने 41 कर्मचारी लगाए थे। इससे मुनाफे में भारी अंतर आ गया।

तभी उनके भाग्य से होंडा कंपनी से एक कर्मचारी नौकरी छोड़कर बजाज कंपनी में चला गया था। उसने बजाज के अपने अधिकारियों को समझाया कि जो कंपनी होंडा में उनके लिए व्हील असेंबली का काम करती थी, वह बजाज के लिए भी उपयोगी साबित हो सकती है। इसी के बाद ईश्वर को बजाज की सहायक कंपनी औरंगाबाद इलेक्ट्रिकल द्वारा व्हील असेंबल करने के लिए बुलावा आया।

ईश्वर ने इस चुनौती को स्वीकार किया और तीन महीने में नई और बेहतर मशीन बनाकर दी। इस दौरान वे एक दिन भी फैक्टरी से अपने घर नहीं गए। पहली बार उन्होंने बजाज के लिए ऐसी मशीन बना दी थी, जिसके दम पर उसके लिए एक अंतरराष्ट्रीय कंपनी से मुकाबला करना आसान हो गया। यहीं से उनके जीवन में बदलाव आया। इसके बाद उन्होंने पीछे मुड़कर नहीं देखा। बजाज कंपनी ने उन्हें अपनी हर यूनिट के लिए मशीन बनाने का ऑर्डर देना शुरू कर दिया। उनका नाम हर बोर्ड रूम में लिया जाने लगा।

वे अपने ग्राहकों के लिए मशीन बनाने के लिए कच्चा माल खरीदने में पारदर्शिता बरतते थे। उन्होंने कच्चे माल से किसी तरह से समझौता नहीं किया। वे हमेशा अच्छी क्वालिटी का तथा अपने ग्राहकों द्वारा पहले से मंजूर ऑर्डर के लिए कच्चा माल खरीदते थे। उनके उत्पाद अपने अन्य प्रतिद्वंद्वियों से करीब एक-तिहाई महँगे होते थे, लेकिन इसके बाद भी अधिकांश ऑर्डर उनके पास ही आते थे।

उन्होंने कभी नकली सामान का इस्तेमाल नहीं किया। आज तक ईश्वर अपने इस सिद्धांत पर कायम हैं, इसलिए उन्हें कभी अपने क्लाइंट के पास ऑर्डर लेने के लिए जाना नहीं पड़ा, बल्कि ऑर्डर उनकी ऑटो सिस्टम फैक्टरी में ही आते हैं। उनका कंपनी चलाने का एकमात्र जरिया पारदर्शिता है।

फंडा यह है कि अगर आप अपना बिजनेस पारदर्शिता के साथ करते हैं तो वह लोगों के बीच आपके भरोसे को कायम करता है और व्यावसायिक ऑफर आपके पास बिना किसी बाधा के आते हैं।

□

काम से प्यार करें, नतीजे चौंकानेवाले मिलेंगे

समीर कुलावूर की उम्र 30 साल है। पेशे से वे ग्राफिक डिजाइनर हैं। इस पेशे में काम करनेवालों का सपना होता है कि वे एप्लाइड आर्ट में ग्रेजुएट हों और उन्हें सर जेजे इंस्टीट्यूट मुंबई से डिग्री मिले, जो इस क्षेत्र में देश का अग्रणी इंस्टीट्यूट है। समीर ने इसी इंस्टीट्यूट से डिग्री ले रखी है, लेकिन समीर को अपनी रेसिंग साइकिल से भी बेहद प्यार है। यहाँ तक कि वे दूधवालों, ब्रेडवालों, अखबारवालों, टिफिनवालों, आइसक्रीम बेचनेवालों, इडली बेचनेवालों और मुंबई के डिब्बावालों की साइकिलों को भी विस्मय से देखते हैं।

उन्होंने सवारियों को ढोनेवाले सामान्य रिक्शे से लेकर स्कूली बच्चों को लाने-ले जानेवाले विशिष्ट रिक्शों को भी चलाया है। पिछले साल समीर ने जितनी भी साइकिल और रिक्शे देखे, चलाए, उन सबकी तसवीरें लेकर संग्रहीत की हैं। दक्षिण मुंबई के उपनगरीय इलाके मझगाँव में समीर का घर है। वहाँ उनका एक स्टूडियो है। यहाँ उनकी हाथ से बनाई हुई साइकिलों के कई चित्र हैं। जुलाई 2012 में उनके चित्रों को बाकायदा अंतरराष्ट्रीय बाइसिकिल फिल्म फेस्टिवल में प्रदर्शित किया गया। यह फेस्टिवल फिनलैंड के हेलसिंकी में हुआ था। वैसे हेल-सकी तक के सफर की शुरुआत एक तरह से साल 2009 में हुई, तब समीर पर्ल जैम कंसर्ट को कवर करने के लिए ब्रिटेन गए हुए थे। वहाँ ब्रिटिश डिजाइनर पॉल स्मिथ और उनके ब्रांड के आर्टवर्क से उनका सामना हुआ। दुनिया के सबसे बड़े इस टी-शर्ट निर्माता ब्रांड के करीब हर बड़े शहर में स्टोर हैं। पॉल स्मिथ तक पहुँचने की कहानी भी दिलचस्प है। एक बार समीर ने यूँ ही पॉल को एक मेल कर दिया। उनके फैन के तौर पर। इस मेल के साथ उन्होंने अपनी बनाई साइकिलों

की ड्रॉइंग भी भेजीं। समीर को पता नहीं था कि पॉल खुद भी साइकिलों से बेहद प्यार करते हैं।

यों ही भेजे एक मेल और फिर उसके बाद हुई इस मुलाकात ने समीर के जीवन की भी दिशा बदल दी। इस मुलाकात ने समीर को प्रोत्साहित किया कि वे पॉल स्मिथ के ऑफिस में लगातार अपनी ड्रॉइंग भेजते रहें। उन्होंने भेजी भीं। उनकी चार—आइसक्रीम बेचनेवाले, डिब्बावाले, इडली बेचनेवाले और रिक्शावाले से जुड़ी ड्रॉइंग खास तौर पर पसंद की गईं। इस वक्त तक भी समीर को आइडिया नहीं था कि उनकी ड्रॉइंग कभी पॉल स्मिथ ब्रांड की टी-शर्ट पर भी प्रिंट हो पाएगी, लेकिन ऐसा हुआ और सिर्फ यही नहीं, आज वे पॉल स्मिथ ब्रांड के साथ सहयोगी के तौर पर जुड़ चुके हैं।

समीर हमेशा से अपने काम को बेहतर ढंग से करना चाहते थे, क्योंकि उससे उन्हें प्यार है, लेकिन उन्हें क्या पता था कि उनका यही जुनून, यही प्यार उन्हें आज इस मुकाम तक पहुँचा देगा। समीर ने साइकिलों पर अपना काम गंभीरता से 2010 में शुरू किया। उस वक्त वे घोड़ा-साइकिल को लेकर अपना एक प्रोजेक्ट कर रहे थे। उन्होंने इस पर विजुअल डॉक्यूमेंटेशन तैयार किया था। यह वह साइकिल है, जो किसी जमाने में दूध लानेवालों, ब्रेड बेचनेवालों, अखबार बाँटनेवालों की पसंदीदा होती थी। दसियों साल तक इस साइकिल का बोलबाला रहा। समीर ने इसके अलावा मोडीफाइड साइकिलों पर भी काम किया। खासकर जैसे चाय लाने-ले जानेवालों की साइकिल, शिरडी जानेवाले तीर्थयात्रियों की साइकिल, धोबियों की साइकिल आदि। फिलहाल वे एक नए प्रोजेक्ट पर काम कर रहे हैं। यह बर्फ का गोला और फिल्टर कॉफी बेचनेवालों पर आधारित है। देश भर में बारिश के दौरान इस्तेमाल होनेवाली बरसातियों तारपॉलिन को भी उन्होंने इस प्रोजेक्ट में शामिल किया है। उनके काम के जुनून को देखते हुए कौन जाने एक दिन यह तारपॉलिन भी अंतरराष्ट्रीय स्तर के किसी ब्रांड में नजर आ जाए। अपनी साइकिल की तरह ही।

फंडा यह है कि अगर आप अपने काम से प्यार करते हैं तो यह आपको आश्चर्यजनक नतीजे देगा। इसमें कोई शक नहीं।

□

आप जब चाहें अपना पेशा बदल सकते हैं

वह शहर की सबसे बड़ी जन्मदिन पार्टी थी। केक काटा जा रहा था। तभी अचानक वह लड़की गिर पड़ी, जिसका जन्मदिन था। खचाखच भरा हुआ पूरा हॉल धक रह गया। वह युवा लड़की तड़प रही थी। बार-बार अपना गला पकड़ रही थी। उसे जहर दिया गया था। किसने मारा उसे? कोई मेहमान या फिर कोई घर का ही सदस्य?

चौंकिए नहीं। यह कोई असल कहानी नहीं है, बल्कि एक ड्रामा है। इसे पूर्व क्राइम रिपोर्टर एमडी रीति और उनकी टीम खेल रही थी। वे अब मर्डर मिस्ट्री की स्पेशलिस्ट बन चुकी हैं। यह ड्रामा हत्या का एक केस सुलझाने के लिए रचा गया था। भारत में आम तौर पर इस तरह की पार्टियाँ दोस्तों को बुलाने, खाने-पीने और मौज-मस्ती के लिए होती हैं, लेकिन अब ऐसी पार्टियों का आयोजन हत्या जैसे गंभीर मामलों को सुलझाने और टीम बिल्डिंग एक्सरसाइज के तौर पर भी किया जा रहा है। बेंगलुरु जैसे मेट्रो शहरों में यह आइडिया जोर पकड़ रहा है। रीति इसी शहर से ताल्लुक रखती हैं और वे इस आइडिया को अप्लाई करनेवालों में आगे हैं। इस तरह के आयोजनों का सबसे छोटा सेशन दो घंटे का होता है। सबसे बड़ा सत्र पूरे दिन का भी हो सकता है। इसमें संदिग्धों, क्राइम सीन की जाँच और अपराध को फिर से दोहराकर देखने जैसे काम होते हैं। किसी भी जगह इस अंदाज में केस को हल करने का उनका चार्ज 10,000 से 35,000 रुपए तक होता है।

रीति के खजाने में कई तरह की स्टाइल हैं। मसलन-अगाथा क्रिस्टी फ्लेवर, हिचकॉक थ्रिलर्स, कैसल ऐंड सीएसआई स्टाइल के मर्डर, करमचंद स्टाइल, भ्रष्ट राजनेताओं के स्कैंडल, वीरप्पन की डकैतीवाली स्टाइल, अंडरवर्ल्ड डॉन के आतंक की कहानियाँ आदि। रीति और उनकी टीम के पूरे ड्रामा में भयावहता नहीं होती। बस, अपराध का पीछा करने और उसे हल करने का आनंद होता है। इस एक्सरसाइज

को टीम बिल्डिंग के असाधारण तरीके के तौर पर देखा जा रहा है। शायद इसीलिए रीति कॉरपोरेट जगत् में भी लोकप्रिय हो रही हैं। उनके क्लाइंट्स में एचपी और ऑरेकल जैसी कंपनियाँ हैं। वे अपने ऐसे कर्मचारियों को रीति की पार्टियों में भेजती हैं, जो शर्मीले से होते हैं और सिर्फ अपने काम से मतलब रखते हैं। रीति के साथ काम कर ये कर्मचारी दूसरों के साथ खुलते हैं। उनके साथ सहज हो जाते हैं। फिलहाल रीति की कंपनी आरएमजी ही इकलौती संस्था है, जो इस आइडिया पर काम कर रही है। आरएमजी मिस्ट्री इवेंट्स का आयोजन आम तौर पर रिसॉर्ट, समुद्र तटों आदि पर करती है। कभी-कभार ऑफिसों में भी। टीम बिल्डिंग एक्सरसाइज के दौरान रीति कोई मर्डर मिस्ट्री स्टेज पर प्ले करती हैं, फिर वहाँ मौजूद दर्शकों को उसमें शामिल करते हुए समाधान खोजती हैं।

रीति ने करीब 15 साल तक क्राइम जर्नलिस्ट के तौर पर काम किया। इस दौरान तरह-तरह के स्कैंडल और घोटालों से उनका पाला पड़ा। रहस्यमय घटनाओं की गुत्थियाँ सुलझाने में उनकी रुचि हमेशा से रही। जर्नलिज्म के पहले दिन से वे विचार कर रही थीं कि क्या इस काम को कॉरपोरेट क्षेत्र के लिए टीम बिल्डिंग एक्सरसाइज के तौर पर इस्तेमाल किया जा सकता है। साल 2004 में उन्होंने इस आइडिया पर अपने दोस्तों से बात की। दोस्तों के साथ ही बंद कमरे में पार्टी का आयोजन किया गया। इसमें एक मर्डर की कहानी प्ले की गई थी। दर्शकों को इसमें शामिल किया गया। उसने केस की गुत्थी सुलझाने में जबरदस्त उत्साह दिखाया। इसके बाद ऐसी पार्टियों के आयोजन की माँग बढ़ने लगी। इसके बाद रीति ने अपनी कंपनी बनाई। उन्होंने इसका नाम रखा आरएमजी (रीति मर्डर गेम्स)। इसके बाद कॉरपोरेट घरानों से संपर्क किया। सबसे पहले उन्हें सिंफनी से ऑर्डर मिला। ऑर्डर मिलते ही उन्होंने जर्नलिज्म छोड़ दिया और पूरी तरह से इसी काम में लग गईं। युवा थिएटर कलाकारों की टीम बनाई और काम शुरू कर दिया।

फंडा यह है कि अभी तक माना जाता था कि आप अगर किसी एक पेशे से जुड़ जाते हैं तो जीवन भर उसी में रहना पड़ता है, लेकिन अब धारणा बदल रही है। अपने मौजूदा पेशे से ही कुछ बेहतर चीजें लेकर आप उन्हें अगले स्तर तक ले जा सकते हैं। जैसा कि रीति ने किया। बस जरूरत है तो थोड़ी रचनात्मकता और योजना की।

□

लोगों की समस्याओं का हल खोजेंगे तो चलेगा आइडिया

पहली कहानी (कोलकाता से)—भारतीय शहरों में पब्लिक ट्रांसपोर्ट से सफर कभी आनंददायक नहीं रहा। यहाँ तक कि हर शहर के स्थानीय लोग भी इससे परेशान रहते हैं। पश्चिम बंगाल सरकार ने लोगों के इस असंतोष को भाँपते हुए कोलकाता में 2,000 सरकार प्रायोजित टैक्सियों का बेड़ा उतार दिया। इन टैक्सियों के ड्राइवर किसी भी सूरत में आपको एक से दूसरी जगह ले जाएँगे। वे मना नहीं कर सकते। यहाँ तक कि इन सरकारी टैक्सियों पर एक नारा भी चस्पा किया गया है, 'नो रिफ्यूजल,' यानी 'कभी इनकार नहीं।' इसका मकसद भी यही है कि ड्राइवर किसी भी सवारी को कभी मना न कर सकें। यहाँ सरकारी अफसर किसी भी चीज को मौके के लिए नहीं छोड़ रहे हैं। इन टैक्सियों के परमिट उन्हीं लोगों को दिए जा रहे हैं, जो गैर-न्यायिक स्टांप पेपर पर यह लिखकर दे रहे हैं कि वे किसी भी हालत में सवारी को लाने-ले जाने से मना नहीं करेंगे। फिर चाहे वह बंद या रैलियों के आयोजन जैसे हालात ही क्यों न हों। चाहे कितनी भी रात हो या मूसलधार बारिश हो रही हो। यही नहीं, टैक्सी परमिट लेनेवालों के लिए शर्त यह भी है कि टैक्सियाँ आधुनिक हों और ड्राइवर सवारियों से पेशेवर अंदाज में पेश आएँ। अब आप सोचिए। अगर घर से ऑफिस और ऑफिस से घर आने-जाने के दौरान एक विनम्र टैक्सी ड्राइवर आपकी दिनचर्या का हिस्सा बन जाए तो आपको परिवर्तन महसूस होगा या नहीं। और यही परिवर्तन नए कैब कल्चर के जरिए कोलकाता में लाया जा रहा है।

दूसरी कहानी (गांधीनगर से)—देश के मध्यमवर्गीय परिवारों के लिए बिजली का बिल हमेशा चिंता का विषय रहा है, लेकिन गांधीनगर में सेक्टर-23

के 165 परिवार इससे कुछ हद तक निजात पाने को हैं। गुजरात सरकार ने रूफटॉप सोलर रैफ्लैक्शन प्रोग्राम शुरू किया है। इसके तहत सरकार से बिजली खरीद का अनुबंध (पावर परचेज एग्रीमेंट) करनेवाली कंपनियाँ 11 रुपए प्रति यूनिट की दर से बिजली खरीदेंगी। इसमें से तीन रुपए प्रति यूनिट की दर से उन लोगों को भुगतान किया जाएगा, जिन्होंने अपने घर की छतों पर सोलर पैनल लगाने की इजाजत दी है। इस कार्यक्रम के तहत फिलहाल सितंबर से 400 किलोवॉट बिजली उत्पादन का लक्ष्य है, यानी लोग अब ऊर्जा का सिर्फ उपयोग और इस पर खर्च ही नहीं करेंगे, बल्कि इसके उत्पादन में भी भागीदार होंगे। साथ ही इसकी बिक्री से हुए लाभ में हिस्सेदार भी।

तीसरी कहानी (आईआईटी अहमदाबाद से)—देश में शोर करते ऑटो रिक्शा हर किसी के लिए परेशानी का कारण होते हैं। इस परेशानी को आईआईटी अहमदाबाद के छात्रों ने समझा है। इसका उन्होंने हल निकालने की कोशिश की है। इन छात्रों ने भारतीय सड़कों के अनुकूल, बिना आवाजवाला, बैटरी से चलनेवाला ऑटोरिक्शा बनाया है। अमरीका के नॉर्थब्लॉक में अंडरराइटर्स लैबोरेट्री की ओर से रिसर्च प्रतिस्पर्धा के आयोजन में हिस्सा लेने के दौरान इन छात्रों की यह इजाद सामने आई। इस ऑटोरिक्शा को 60 किलोमीटर चलाने के लिए इसकी बैटरी को सात घंटे रिचार्ज करना पड़ता है। मौजूदा सीएनजी मॉडल की तुलना में यह नया ऑटोरिक्शा 30 फीसदी ज्यादा किफायती है, और शोर न करने की इसकी खासियत तो इसे अलग बनाती ही है।

इन सभी तीनों कहानियों में एक चीज कॉमन है। वह यह कि तीनों परियोजनाओं के प्रति स्थानीय लोग जबरदस्त उत्साहित हैं, क्योंकि ये प्रोजेक्ट उनकी परेशानियों को हल कर रहे हैं। उस समस्या का समाधान कर रहे हैं, जिससे उन्हें हमेशा ही झल्लाहट होती है। यही वजह है कि इन तीनों आइडियाज के लोकप्रिय होने की संभावना काफी ज्यादा है। बजाय उन आइडियाज के, जो लोगों की समस्याओं को, परेशानियों को ठीक ढंग से समझे बिना सामने आते हैं।

फंडा यह है कि अगर आप चाहते हैं कि आपका उत्पाद लोकप्रिय हो और टिका रहे तो असल उपभोक्ताओं की परेशानी को समझें। उनकी दिक्कत का समाधान होगा तो वे उत्पाद को हाथोहाथ लेंगे।

□

हर बिजनेस में कुछ बाहरी चीजें होती हैं, जिन पर नियंत्रण नहीं होता

जापान में 2011 में जब सुनामी आई तो होंडा कार के निर्माताओं को भारत में काफी दिक्कत हुई। कल-पुरजों की आपूर्ति में देर होने लगी थी। इससे भारत में बिक्री और सर्विस दोनों प्रभावित हुईं। कंपनी की साख को इससे बड़ा नुकसान पहुँचा। हालाँकि होंडा के भारतीय ग्राहकों को इसके पीछे कारण पता थे, लेकिन उन्हें असुविधा बहुत हो रही थी।

ऐसे ही इस साल देश में मानसून को बहुत अच्छा कहा जा रहा है। मौसम विभाग के मुताबिक, जून के महीने में तो बारिश ने 12 साल का रिकॉर्ड तोड़ दिया है। बाँधों में साल भर के लिए पीने का 75 फीसदी तक पानी भर चुका है। उम्मीद है कि मानसून सितंबर महीने तक जारी रहेगा। किसानों के लिए यह खुशखबरी ही है, क्योंकि भारत में खेती-बाड़ी अब भी पूरी तरह मानसून पर निर्भर है, लेकिन कुछ क्षेत्रों के लिए यह खबर बुरी साबित हो रही है। जैसे कि पर्यटन, इससे जुड़ी यात्राएँ, खान-पान, होटल इंडस्ट्री। मानसून की जल्द आमद ने सॉफ्ट-ड्रिंक इंडस्ट्री को तगड़ा ही झटका दिया है। यह क्षेत्र सबसे बुरी तरह प्रभावित हुआ है। देश में करीब 14 हजार करोड़ रुपए की है सॉफ्ट-ड्रिंक इंडस्ट्री। इस बार इसकी बिक्री के आँकड़े पाँच साल में सबसे कम हैं। पिछले साल तक यह उद्योग सालाना 20 फीसदी की रफ्तार से बढ़ रहा था, लेकिन इस साल इसने सिर्फ एक फीसदी की बढ़त ही हासिल की है। इन आँकड़ों को कोक ने स्वीकार कर लिया है, जबकि पेप्सी को अभी अप्रैल-जून तिमाही के आँकड़े जारी करने हैं।

लगातार हो रही बारिश के मुताबिक बंदोबस्त करना किसी के वश की बात नहीं। चाहे वह कचरे की सफाई का मामला हो या सड़कों आदि का। देश के

करीब-करीब सभी नगरीय निकाय इन दिनों नाले-नालियों, गटर, को साफ रखने, सड़कों को दुरुस्त रखने और कचरा हटाने के लिए संघर्ष कर रहे हैं। इसके बावजूद वे ज्यादा सफल नहीं हो पा रहे हैं। बीमारियों के फैलाव से अस्पतालों में मरीजों की संख्या बढ़ रही है। अखबार इन हालात से संबंधित खबरों को लगातार छाप रहे हैं। इससे देश और विदेश के पर्यटक यात्राओं से बच रहे हैं। हालाँकि बारिश के सीजन में वैसे भी पर्यटन में गिरावट आती है, लेकिन उच्च वर्ग के पर्यटक तब भी इस सीजन में घूमने जाना पसंद करते हैं। भारत में गोवा और केरल बारिश में पर्यटन के लिए सबसे पसंदीदा जगहें मानी जाती हैं, लेकिन इस बार इन दोनों जगहों पर आनेवाले पर्यटकों की संख्या में भी भारी कमी आई है। उत्तराखंड में आई प्राकृतिक विपदा ने देश के आधारभूत ढाँचे की भी पोल खोल दी है। इससे देश ही नहीं दुनिया में भी खराब संदेश गया है कि भारतीय व्यवस्था प्राकृतिक आपदाओं से निपटने में बहुत प्रभावी नहीं है। इसने भी पर्यटन की संभावनाओं पर तगड़ी चोट की है। उत्तराखंड खुद भी धार्मिक व अन्य तरह के पर्यटन का बड़ा केंद्र है और वह भी इस दुष्प्रभाव को महसूस कर रहा है। पर्यटन से जुड़े दूसरे व्यापार भी इन हालातों से खासे प्रभावित हैं।

फंडा यह है कि बाहरी वातावरण और हालात से कोई भी बच नहीं सकता। इस पर किसी का नियंत्रण भी नहीं, लेकिन इससे अकसर होनेवाले नुकसान को कुछ कम जरूर किया जा सकता है। यह तब होगा, जब हम पिछले अनुभवों से सीख लेकर आगे के लिए अपनी व्यवस्थाओं में सुधार करते रहें।

□

आप भी थ्री इडियट्स में से एक हो सकते हैं!

फिल्म 'थ्री इडियट्स' में अभिनेता आर माधवन द्वारा निभाई गई फरहान कुरैशी की भूमिका को ध्यान में रखकर इस कहानी को पढ़िए। फरहान के समान रोहतक, हरियाणा के आशीष बहल भी कॉलेज में ठीक से पढ़ाई नहीं कर पाए। उसकी पढ़ाई फरहान जैसी कठिन नहीं थी। बी.कॉम. की साधारण पढ़ाई के बाद उन्से चार्टर्ड एकाउंटेंसी का कठिन कोर्स करना था। आशीष को आरामदेह केबिन में बैठकर किसी की आय और खर्च का हिसाब-किताब लगाना या बैलेंस शीट को जाँचना पसंद नहीं था। वह इस कोर्स को करने के पक्ष में ही नहीं था। वह फोटोग्राफी करना चाहता था, पर उसके माता-पिता इससे असहमत थे। उन्होंने आशीष को हरियाणा से बाहर नई दिल्ली यूनिवर्सिटी से संबद्ध एक अच्छे कॉलेज में दाखिला दिलाया।

दिल्ली में आशीष ने त्रिवेणी कला संगम में फोटोग्राफी की क्लास ज्वॉइन कर ली। उसने लाजपत नगर, नई दिल्ली में कुछ शो-रूम में छोटे-मोटे काम करके फोटोग्राफी क्लास की फीस और जेबखर्च जुटाया। जब अभिभावकों को इसकी जानकारी लगी, तो उन्होंने सोचा कि वह ज्यादा-से-ज्यादा शादी-विवाह जैसे कार्यक्रमों तक सीमित फोटोग्राफर बन जाएगा। अभिभावकों ने तमाम उम्मीदें छोड़ दीं। आशीष ने एक अन्य इंस्टीट्यूट में फोटोग्राफी का एडवांस कोर्स ज्वॉइन कर लिया। 1999 में हंसराज कॉलेज से उसकी ग्रेजुएशन की पढ़ाई रुक गई। आशीष ने बाहर जाकर लैंडस्केप फोटोग्राफी शुरू कर दी।

वह लश्कर, पुष्कर, केरल सहित अन्य स्थानों के मंदिरों में काफी समय गुजारने लगा। वह 2005 में मेसाचुसेट्स, अमरीका स्थित हालमार्क फोटोग्राफी

इंस्टीट्यूट में 1 माह का कोर्स करने के लिए गया। इस वक्त तक उसके माता-पिता को यकीन हो गया था कि वे अपने बच्चे को किसी बात के लिए मजबूर नहीं कर सकते हैं। इधर, 2006 में अमरीका से लौटने के बाद आशीष को कॉरपोरेट असाइनमेंट मिलने लगे। जब घर में भारी-भरकम धनराशि के चेक आने लगे, तब आशीष के माता-पिता को अपने बेटे पर भरोसा हो गया। इसके बाद आशीष के जीवन में एक बड़ा अवसर आया। वह भारत में लोमोग्राफी प्रोडक्ट का एकमात्र डिस्ट्रीब्यूटर बन गया। लोमो कैमरों का मूल्य 2000 से 25000 रुपए के बीच है।

लोग फोटोग्राफी के उपकरण उस स्थिति में ही खरीदते हैं, जब कोई जानकार व्यक्ति उन्हें खरीदारी के संबंध में सलाह देता है। अच्छी सलाह से कारोबार कम हो सकता है, लेकिन उससे विश्वास पैदा होता है और आशीष ने ऐसा ही किया है। अगर कोई ग्राहक अपने लैंसों के लिए दो सर्कुलर पोलाराइजर खरीदना चाहता, तो आशीष उन्हें एक खरीदने की सलाह देता था। इससे उसका कारोबार प्रभावित तो होता था, लेकिन उसकी साख भी बनती थी।

इस तरह आशीष बहल की 'फोटोवाटिका डॉट कॉम' नामक फोटो थीम शॉप चल पड़ी। उसकी दुकान से हर माह 35 लाख रुपए का बिजनेस होता है। आशीष को इंटरनेट के जरिए फोटोग्राफी से संबंधित प्रोडक्ट बेचने का आइडिया 2011 में आया। आज उसका बिजनेस अच्छी तरह से चल रहा है। भारत के विभिन्न स्थानों से उसके पास बड़ी संख्या में ऑर्डर आते हैं। वह प्रत्येक कस्टमर से निजी रिश्ते बनाता है, क्योंकि कस्टमर किसी जरूरत के लिए नहीं, बल्कि अपने शौक के लिए फोटोग्राफी से संबंधित प्रोडक्ट खरीदते हैं। आशीष का यह विश्वास गलत साबित नहीं हुआ कि व्यक्तिगत संबंध से कारोबार बिगड़ता है।

प्रत्येक ग्राहक अपने साथ एक अन्य व्यक्ति को जोड़ता है। आशीष से कोई भी उसकी शैक्षणिक योग्यता नहीं पूछता है, क्योंकि वह एक कामयाब उद्यमी है।

फंडा यह है कि पढ़ाई-लिखाई में इडियट् होने का यह मतलब नहीं कि आप अपनी बैलेंस शीट नहीं बना सकते हैं। यदि आपकी बैलेंस शीट और मुनाफे-नुकसान का खाता अच्छा है तो कोई भी आपकी योग्यता के बारे में नहीं पूछेगा।

□

कर्मचारी भी उद्यमी हो सकते हैं

कितना अच्छा लगता है, जब हम किसी दूसरे देश से लौटकर वहाँ से खरीदी हुई टी-शर्ट पहनकर जान-पहचानवालों को दिखाते हैं। वह टी-शर्ट जिस पर उस देश की कोई-न-कोई निशानी बनी होती है। विदेशों में इस तरह की टी-शर्ट, मग, कैप या वहाँ की यादगार के तौर पर मिलनेवाली ऐसी ही दूसरी चीजों का चलन बहुत आम है, लेकिन भारत के घरेलू पर्यटन स्थलों में ऐसी चीजें बेहद मुश्किल से ही मिलती हैं, जिन्हें यात्रा की निशानी के तौर पर रखा जा सके। थोड़ा-बहुत चलन आगरा में जरूर है, जहाँ ताजमहल की प्रतिकृतियाँ पर्यटकों के लिए उपलब्ध होती हैं। दिल्ली की कुछ चुनिंदा जगहों पर भी इस तरह की निशानियाँ मिल जाती हैं, लेकिन मुंबई और दूसरी अन्य महत्त्वपूर्ण जगहों में इनकी कमी काफी खलती है।

यह जानकारी हममें से सबको है, लेकिन शायद ही किसी के दिमाग में इस दिशा में कुछ करने की सूझी हो, कविता सिंह को छोड़कर। वे 'बीनदेयर' नामक कंपनी की मालिक हैं, जो घरेलू और विदेशी पर्यटकों के लिए शहरों की यादगार निशानियोंवाली चीजें बनाती और बेचती हैं। कविता की उम्र 40 साल है। कुछ साल पहले तक वे कपड़ा उद्योग में काम करती थीं। करीब 10 साल वहाँ काम किया। फिर हैदराबाद के इंडियन स्कूल ऑफ बिजनेस (आईएसबी) से पोस्ट ग्रेजुएशन करने के लिए काम से छुट्टी ले ली। पढ़ाई के दौरान उनसे कहा गया कि वे किसी बिजनेस आइडिया के बारे में सोचें और उसे आकार दें। वे लोगों के पास गईं। उनसे बातचीत की। उन्हें पता चला कि कुतुब मीनार के चित्र के साथ चाय के कप या राजस्थान के किलों के चित्रों के साथ टी-शर्ट लोगों में काफी लोकप्रिय है। पर्यटन स्थलों में घूमने आनेवालों को इसकी बेहद दरकार भी है। करीब दो महीने तक उन्होंने इस आइडिया पर काम किया। फिर कॉलेज छोड़ने से पहले ही नई

कंपनी के तौर पर इसे आकार दे दिया।

आईएसबी ने इस काम में पाँच लाख रुपए की शुरुआती मदद दी। कविता को पहला ग्राहक भी कॉलेज से मिला। उनके साथ में पढ़नेवाले एक छात्र के देश में कई जगह रिजॉर्ट थे, जहाँ वह कविता की कंपनी के उत्पाद बेचने के लिए काउंटर खोलने को तैयार हो गया। आईएसबी से मिली माली-मदद के साथ एक दिक्कत थी। कॉलेज द्वारा बिजनेस के सिलसिले में उठाए गए हर कदम पर निगरानी।

कंपनी द्वारा सही बिल दिखाने के बाद ही कॉलेज से मिले फंड से पैसे जारी किए जाते थे। इससे कविता को थोड़ी मुश्किल हुई, क्योंकि वे कॉरपोरेट बैकग्राउंड से आती थीं और जोखिम ले रही थीं, लेकिन उनका निश्चय दृढ़ था कि उन्हें किसी भी तरह अपने नए बिजनेस को स्थापित करना है। हालाँकि उनका प्लान-बी भी तैयार था कि बाइचांस अगर ऐसा नहीं हुआ तो अपने पुराने काम पर वापस लौट जाएँगी। बहरहाल उन्हें प्लान-बी अपनाने की जरूरत नहीं पड़ी। आज उनकी कंपनी ऐसे उत्पाद बनाती है, जिन पर आगरा, दिल्ली, मुंबई, राजस्थान और महाबलेश्वर के स्मारकों निशानियों के चित्र होते हैं। उनकी योजना अब चेन्नई, भोपाल, साँची, मदुरै, कन्याकुमारी जैसे शहरों के स्मारकों को अपने उत्पादों पर उकेरने की है।

कविता ने 2011 में यह बिजनेस शुरू किया। एक साल बाद 2012 में उन्होंने एक ऑनलाइन शॉप भी खोल दी। नाम—शॉपीफाई डॉट इन। इसके जरिए वे अपने उत्पादों को लोकप्रिय बना रही हैं। ग्राहकों तक पहुँच भी बना रही हैं। खासतौर पर वे ग्राहक जो अपने दोस्तों, जान-पहचानवालों को यादगार निशानियाँ देने का शौक रखते हैं। आज करीब डेढ़ साल के भीतर ही कविता की कंपनी के उत्पाद 200 होटलों, पर्यटन केंद्रों और ऐसी जगहों पर मौजूद दुकानों पर नजर आने लगे हैं। कुछ थोड़ी-बहुत परेशानियाँ हालाँकि अब भी उनके बिजनेस में हैं, लेकिन कविता को यकीन है कि वे इन्हें भी दूर कर लेंगी।

फंडा यह है कि अगर आपका निश्चय दृढ़ है तो आप सालों तक किसी कॉरपोरेट कंपनी में काम करने के बाद भी उद्यमी बन सकते हैं। कविता ने एक महिला होने के बावजूद इस मिथक को तोड़ा है कि कर्मचारी उद्यमी नहीं हो सकता।

□

जिंदगी में गड़बड़ी से बचने के लिए आर्थिक सफाई जरूरी है

लॉरेन स्कॉट को कौन नहीं जानता। हॉलीवुड के लगभग सभी बड़े सेलेब्रिटी इनके कद्रदान हैं। चाहे वे निकोल किडमैन हों, एंजेलिना जोली, पेनीलोप क्रूज या कोई और। ये वे नाम हैं, जो कभी-न-कभी बेस्ट एक्टर या एक्ट्रेस के तौर पर ऑस्कर अवॉर्ड जीत चुके हैं और सभी स्कॉट के दोस्त, आज से नहीं 20-25 साल से। इन सभी हॉलीवुड कलाकारों के कपड़े स्कॉट ही डिजाइन करती थीं। यही नहीं, वे उन्हें सलाह भी देती थीं कि कहाँ, क्या पहनकर जाएँ और क्या नहीं। अवॉर्ड फंक्शन के रेड कारपेट पर चलना हो तो कैसे चलें और किसी फैशन शो के रैंप पर अदाएँ बिखेरनी हों तो कैसे। स्टाइल और फैशन से जुड़ी हर चीज इन कलाकारों को स्कॉट ही बताती थीं।

सभी सेलेब्रिटी के लिए स्कॉट की सलाह काफी अहम् थी। बड़े समारोहों में वे सिर्फ उन्हीं की डिजाइन की हुई ड्रेसेस पहनते थे। अपने डिजाइन किए हुए कपड़ों में स्कॉट काले रंग पर काफी प्रयोग करती थीं। अभी हाल ही में उन्होंने ऑस्कर की अवार्ड विजेता हीरोइनों के लिए नई डिजाइंस तैयार की थीं। इनमें नीले रंग को अपने फैवरिट काले की तरह इस्तेमाल किया। स्कॉट के प्रतिद्वंद्वी डिजाइनर भी उनकी कद्र करते थे। चाहे वे मिशेल एड्स हों, जॉर्जियो अरमनी या केल्विन लेन। सब स्कॉट की डिजाइंस पर नजर रखते थे। डिजाइनिंग के साथ स्कॉट ने मॉडलिंग भी की। उन्होंने कॅरियर की शुरुआत सेलेब्रिटी स्टायलिस्ट के तौर पर की। कई फिल्मों में कलाकारों के लिए कॉस्ट्यूम डिजाइन किए।

इन फिल्मों में ओसंस थर्टीन और आइज वाइड शट प्रमुख हैं, फिर आगे

चलकर उन्होंने डिजाइनिंग पर ही पूरा फोकस किया। नतीजा यह हुआ कि वे पिछले एक दशक में न्यूयॉर्क की सबसे विख्यात डिजाइनर हो गईं। उनमें एक अजब सी संवेदना थी। वे महसूस कर पाती थीं कि कौन सी महिला किस किस्म के डिजाइनर कपड़ों में खुद को आकर्षक समझेगी। खुद को पावरफुल महसूस कर पाएगी। फैशन जगत् की ऐसी संवेदनशील और विख्यात हस्ती ने अभी इसी मंगलवार को आत्महत्या कर ली। अपने कमरे में फाँसी लगा ली। उसी रोज सुबह साढ़े आठ बजे उन्होंने अपनी असिस्टेंट को बुलाया था, लेकिन सुबह 10.00 बजे के करीब जब असिस्टेंट उनके घर पहुँची तो उसके होश उड़ गए।

मैनहटन की 11 एवेन्यू इमारत के 200वें फ्लैट में स्कॉट का शरीर अपने कमरे में सीलिंग पर झूल रहा था। असिस्टेंट ने तुरंत पुलिस को फोन किया। जाँच हुई तो पता चला कि स्कॉट की कंपनी पर काफी कर्ज था। इससे वे बेहद परेशान थीं। एलएस फैशन के नाम से चल रही उनकी कंपनी के खाते की जाँच की गई। पता चला कि वह करीब 29,49,77,400 रुपए (58,99,548 डॉलर) के घाटे में है। इसके ऊपर स्कॉट ने करीब 40 हजार करोड़ रुपए (74.61 करोड़ डॉलर) का कर्ज भी ले रखा था। पिछले वित्तीय वर्षों में उनकी कंपनी का कर्ज साल-दर-साल दोगुना होता जा रहा था। स्कॉट को उनके दोस्तों ने मदद की भी पेशकश की। वे वर्ल्ड फेमस बैंड हैड मिक जैगर के साथ दस साल से जुड़ी थीं। जैगर ने उन्हें कई बार वित्तीय मदद देने की इच्छा जताई, लेकिन उन्होंने मना कर दिया। कहा कि उनके ऊपर किसी तरह का आर्थिक दबाव नहीं है। जैगर ऑस्ट्रेलिया में हैं। मंगलवार से ही वे कॉन्सर्ट टूर 'डाउन अंडर' शुरू करनेवाले थे, लेकिन उन्होंने जब स्कॉट की मौत का समाचार सुना तो धक से रह गए। कॉन्सर्ट शुरू होने से पहले ही उसे स्थगित कर दिया। उनका कॉन्सर्ट ऑस्ट्रेलिया के साथ न्यूजीलैंड में भी होना था, लेकिन अब बैंड के सभी क्रू मेंबर अमरीका लौट रहे हैं। स्कॉट से पहले फैशन जगत् के दो और सितारे इसी तरह मौत की गोद में सो गए थे। ब्रिटिश फैशन डिजाइनर अलेक्जेंडर मैकक्वीन ने फरवरी 2010 में आत्महत्या कर ली थी। उनकी उम्र 40 साल थी और वे तनाव में थे।

इसी तरह ब्रिटिश फैशन एडीटर इसाबेला फ्लो ने 2007 में खुदकुशी कर ली थी। उस वक्त उनकी उम्र 48 साल थी। इन तीनों ही घटनाओं में कई समानताएँ हैं। मसलन सभी हाइप्रोफाइल सेलेब्रिटी थे। सभी ने बेहद समृद्ध

जीवनशैली अपना रखी थी, लेकिन इन सभी का आधार मजबूत नहीं था। यही उनकी जीवनलीला खत्म होने का कारण बना, यानी हर वक्त आलीशान जीवनशैली का मतलब यह कतई नहीं है कि आपकी बुनियाद भी मजबूत है।

फंडा यह है कि आप जीवन में कुछ भी करें। आर्थिक फ्लैट पर हमेशा साफ-सुथरा हिसाब-किताब रखना चाहिए, नहीं तो जिंदगी में गड़बड़ होना तय है और सीधा असर जिंदगी के खात्मे के तौर पर भी हो सकता है, स्कॉट की तरह।

□

आपका पेशा और यकीन अलग-अलग हो सकते हैं

मुंबई के बांद्रा इलाके में वाटरफील्ड रोड पर मैंसवियर स्टोर है, 'माधव मैंस मोड़ (एमएमएम)'। स्टोर के भीतर कोई ग्लैमरस साज-सज्जा नहीं, लेकिन भीतर कुरता, बंद गले की जैकेट, सूट आदि से अलमारियाँ भरी पड़ी हैं। इस स्टोर के मालिक हैं—माधव अगस्ती। हमेशा मुसकराते हुए अपने स्टोर पर आनेवालों का स्वागत करते हैं। हाल में ही देश के राष्ट्रपति प्रणव मुखर्जी से मिल चुके हैं। खुद उनसे मिलने नहीं गए थे, बल्कि राष्ट्रपति ने उन्हें बुलवाया था। सिर्फ राष्ट्रपति ही नहीं, भाजपा के लालकृष्ण आडवाणी, नितिन गडकरी, शाहनवाज हुसैन, कांग्रेस के सुशील कुमार शिंदे से भी मिल चुके हैं और एनसीपी के शरद पवार, प्रफुल्ल पटेल व नेशनल कॉन्फ्रेंस के फारुख अब्दुल्ला से भी। ये सभी नेता विरोधी पार्टियों के हैं। एक-दूसरे से वैचारिक तौर पर अलग-अलग। इनके बीच अकसर आरोप-प्रत्यारोप के दौर चलते रहते हैं, लेकिन जब पसंद-नापसंद की बात आती है तो इनमें ज्यादा फर्क नहीं होता। वे सभी एक आदमी के क्रिएशन और डिजाइन के सामने सिर झुकाते हैं और वे इनसान हैं—मुंबई के फैशन डिजाइनर माधव अगस्ती। कई राज्यों के मुख्यमंत्री उनके फैशन स्टोर एमएमएम के नियमित ग्राहक हैं। इस लिस्ट में छत्तीसगढ़ के रमन सिंह, बिहार के नीतीश कुमार और महाराष्ट्र के पृथ्वीराज चव्हाण का नाम हाल में ही जुड़ा है। उनकी माउथ पब्लिसिटी इतनी जबरदस्त है कि ग्राहक उनके पास खिंचे चले आएँ।

महाराष्ट्र के उपमुख्यमंत्री अजित पवार, मंत्री हर्षवर्धन पाटिल, सुरेश शेट्टी, जयदत्त क्षीरसागर, सुनील तटकरे, पतंगराव कदम आदि सालों से उनके ग्राहक हैं। इन सभी के लिए माधव लंबे समय से कुरता, चूड़ीदार पायजामा, जैकेट, बंद गले

का सूट आदि डिजाइन कर रहे हैं। नेताओं का पसंदीदा कपड़ा पहले खादी था। अब लिनेन हो गया है, लेकिन डिजाइनर के तौर पर माधव ही बने हुए हैं। आखिर उनमें ऐसी कौन सी खासियत है? यह जानने के लिए माधव की जिंदगी के पिछले पहलुओं पर नजर डालनी होगी। 70 के दशक में माधव बॉलीवुड कलाकारों के लिए कपड़े डिजाइन करते थे। अमोल पालेकर की फिल्म 'अपने-पराए' में पहली बार उन्होंने कॉस्ट्यूम डिजाइन किए।

इसके बाद करीब 300 फिल्मों में यही काम किया। कई फिल्मों में मुख्य विलेन कलाकारों ने तो माधव के डिजाइन किए हुए कपड़े ही पहने। इनमें से मिस्टर इंडिया के मोगैंबो (अमरीश पुरी) के कॉस्ट्यूम को माधव यादगार क्रिएशन मानते हैं। कुछ साल तक फिल्मों के लिए काम करने के बाद माधव को राजनेताओं के कपड़े डिजाइन करने के ऑफर मिलने लगे। शुरुआत हुई तो सुशील कुमार शिंदे, एनकेपी साल्वे और जवाहरलाल दर्डा जैसे कई बड़े नेताओं के कपड़ों पर उनकी छाप नजर आने लगी। शिवसेना प्रमुख दिवंगत बाल ठाकरे का नारंगी कुरता और धोती भी उन्हीं की डिजाइन की हुई है।

माधव का सफरनामा 37 का हो चला है। उनके ग्राहकों की लिस्ट में देश की नामी-गिरामी हस्तियाँ शामिल हैं। इनका जिक्र किया ही जा चुका है। दिनोदिन उनका क्रिएशन मैच्योर हुआ है और वे खुद भी। आज उनसे कैसे भी घुमा-फिराकर पूछ लीजिए, "आनेवाले चुनाव में वोट किसे देंगे?" वे उतनी ही मैच्योरिटी से जवाब देंगे, "यह राज की बात है। इसे राज ही रहने दें तो बेहतर।" वे गलत भी नहीं कहे जा सकते।

फंडा यह है कि आपका यकीन और विचारधारा आपके पेशे से पूरी तरह अलग हो सकता है। पेशे से आप आजीविका का इंतजाम करते हैं, जबकि विचारधारा के आधार पर आप जिंदगी जीते हैं।

□

खेती-बाड़ी सोने से भी ज्यादा मजबूत है

दो साल पहले की बात है। चीन के सबसे बड़े फूड प्रॉसेसर और ग्रेन टेडर कॉफ्को ने ऐलान किया कि उसके पास भविष्य के सौदे-समझौतों के लिए 10 अरब डॉलर हैं, यानी 60,140 करोड़ रुपए के आस-पास रकम। किसी ने कॉफ्को की घोषणा को गंभीरता से नहीं लिया। उम्मीद ही नहीं थी कि यह वास्तव में छोटी-बड़ी कंपनियों को खरीद या अधिग्रहीत कर लेगी। लेकिन अभी 28 फरवरी को कॉफ्को ने एक और घोषणा की तो लोग अचरज में पड़ गए। उसकी ओर से बताया गया कि वह हॉलैंड के ग्रेन ट्रेडर निडेरा के 51 फीसदी शेयर खरीद रही है। इस निवेश से कॉफ्को के लिए अर्जेंटीना और ब्राजील जैसे बड़े अनाज बाजारों के दरवाजे खुल गए। निडेरा के पास मौजूद ग्रेन प्रॉसेसिंग आदि की उच्चस्तरीय सुविधाओं तक भी उसकी पहुँच हो गई।

दरअसल, कॉफ्को की रणनीति बड़ी साफ है। वह ग्लोबल ग्रेन मार्केट में बड़ी खिलाड़ी बनना चाहती है। आगे उसके बारे में संभावना जताई जा रही है कि वह जल्द ही हांगकांग के नोबल ग्रुप में निवेश कर सकती है। यह एग्रीकल्चर कमोडिटी ट्रेडिंग से जुड़ी कंपनी है। नोबल ने खुद इसकी पुष्टि की है। कहा है कि वह कॉफ्को के साथ साझीदारी पर बातचीत कर रही है। नोबल की जिस यूनिट को कॉफ्को खरीद सकती है, उसका मूल्य एक अरब डॉलर (लगभग 60 अरब रुपए) आँका गया है। यह सौदा अगर हो गया तो चीन में एक शक्तिशाली एग्रीकल्चर ट्रेडिंग हाउस विकसित हो जाएगा, जिसकी अभी वहाँ कमी है। चीन की फूड क्वालिटी में भी सुधार आएगा, जो अभी अच्छी नहीं मानी जाती। कॉफ्को का मकसद एबीसीडी कंपनियों को टक्कर देने की है।

वैश्विक ग्रेन मार्केट में अभी चार कंपनियों का दबदबा है। ए, यानी आर्कर डेनियल मिडलैंड (एडीएम), बी मतलब बंजी (बीजी), सी, यानी करगिल और डी

मतलब ड्रेफस (लुइस ड्रेफस) कमोडिटीज। कॉफ्को इन एबीसीडी कंपनियों का दबदबा तोड़ना चाहती है। चीन की यह सरकारी कंपनी है। जाहिर तौर पर उसे सरकार से मदद भी मिल रही है। पाँच मार्च को चीन के वित्त मंत्रालय ने घोषणा की है कि वह खेती को वैश्विक मंच तक पहुँचाने के लिए प्रोत्साहन देगा। इसके लिए विदेशी संसाधनों का भी भरपूर इस्तेमाल किया जाएगा। चीन 1950 से खाद्यान्न में आत्मनिर्भरता की नीति पर चल रहा है। माओ को डर था कि अगर चीन चावल-गेहूँ के मामले में आत्मनिर्भर नहीं हुआ तो ताकतवर देश चीन की अर्थव्यवस्था को पंगु कर देंगे।

चीन में अनाज की अहमियत सोने से भी ज्यादा है। यह उनकी सोच का नतीजा है। इस साल की शुरुआत में ही चीन के नेताओं ने संकेत दिया है कि खाद्यान्न में आत्मनिर्भरता की नीति खत्म की जा सकती है। क्योंकि चावल और गेहूँ के मामले में देश के भीतर जितनी माँग है, उससे ज्यादा पैदावार हो रही है, यानी इसकी माँग पूरी करना अब चुनौती नहीं रही। यहाँ तक कि चीन बढ़ती आबादी का भी पेट आसानी से भर सकता है। इसलिए वह खाद्यान्न के वैश्विक कारोबार में हिस्सेदारी बढ़ाने की ओर निकल पड़ा है। हालाँकि पालतू जानवरों के भोजन की समस्या अब भी वहाँ बनी हुई है। खासकर मक्के की वहाँ कमी है। बढ़ती मध्यमवर्गीय आबादी के बीच वहाँ मांस की खपत खूब हो रही है। ऐसे में पालतू जानवरों के लिए मक्के की भी माँग बढ़ी है।

वहाँ जानवरों के खाने के लिए मक्के का अब भी विदेशों से आयात होता है। संभावना है कि 2022 तक यह आयात बढ़कर दो करोड़ मीट्रिक टन हो जाएगा। जो कि अभी सिर्फ 50 लाख मीट्रिक टन है। इसलिए चीन ने अब अपनी आबादी को इस मामले में विदेशी निर्भरता से मुक्त कराने की रणनीति पर काम शुरू कर दिया है। अब तक चीन के ऑटोमोबाइल, ऑयल और गैस क्षेत्र की कंपनियाँ विदेशों में अधिग्रहण और विलय के जरिए अपना डंका बजा रही थीं। चीन के कृषि क्षेत्र ने इस दिशा में कदम बढ़ाया है, यानी दुनिया की करीब 20 फीसदी आबादीवाला यह देश अब कृषि के क्षेत्र के वैश्विक महाशक्ति बनने की तरफ चल पड़ा है। उसका लक्ष्य साफ है कि चीन की आबादी न तो भूखी रहे, न ही उसे खाद्य-पदार्थों की भारी कीमतें अदा करनी पड़ें।

फंडा यह है कि चीन के इस कदम से सीखने की जरूरत है। बड़ी सीख यह है कि खेती-बाड़ी को कभी हलके में नहीं लेना चाहिए।

□

भविष्य को पढ़ें और व्यवसाय में लाएँ तरक्की और मजबूती

पहली कहानी—अगर देश की सभी निर्माण गतिविधियों को एक जगह केंद्रित कर दिया जाए, तो इसमें इस्तेमाल होनेवाले सीमेंट, स्टील और ईंट के स्टॉक से हर साल शिकागो शहर के बराबर निर्माण किया जा सकता है। अगर आँकड़ों पर गौर करें तो पाएँगे कि अगले 10 सालों में 90 करोड़ वर्ग मी. रिहायशी और व्यावसायिक स्थान बनेंगे। 250 करोड़ वर्ग मी. सड़कों और 7400 किमी सब-वे तथा साइडवॉक्स बनाए जाएँगे। इनके अलावा कई स्टेडियम और सार्वजनिक इस्तेमाल के स्थानों का भी निर्माण होगा। हर कंस्ट्रक्शन साइट पर सीमेंट के मुकाबले ईंटें सबसे ज्यादा जगह घेरती हैं। सही साइज की ईंटों का इस्तेमाल होता है और बेकार किस्म की ईंटें अलग कर दी जातीं हैं, जिनका इस्तेमाल कंस्ट्रक्शन साइट पर रहनेवाले मजदूर करते हैं। सीमेंट बनानेवाली देश की बड़ी कंपनी एसीसी ने ईंटों की इस दुनिया में एक नई पहल की है। कंपनी की योजना ईको-फ्रेंडली फ्लाइएश से ईंटें तैयार करने की योजना बनाई है।

फ्रेंचाइजी मॉडल पर छत्तीसगढ़, झारखंड, तमिलनाडु और पश्चिम बंगाल की चार कंपनियाँ फ्लाइएश ईंटों का उत्पादन करेंगी। यहाँ हर दिन 60 हजार ईंटें तैयार होंगी। इन ईंटों को एसीसी 'ईकोब्रिक्स' ब्रैंडनेम के नाम से बेचेगी। ईंटों की बिक्री कंपनी से सीमेंट-डीलरों के जरिए होगी। इनके निर्माण के लिए कंपनी देश में 100 प्लांट लगाएगी। इनमें छत्तीसगढ़ और झारखंड जैसे कोयला उत्पादक राज्यों पर कंपनी की खास नजर है। इन राज्यों में पारंपरिक ईंट भट्टों को कोयला देना बंद कर दिया गया है। और संगठित कंपनियों के इस क्षेत्र में उतरने से ईंट तैयार करनेवाले भट्टों का कारोबार धीरे-धीरे खत्म होता जा रहा है।

दूसरी कहानी—अच्छे मानसून के कारण देश में इस वित्तीय वर्ष (2013-14) में अनाज उत्पादन का अनुमान रिकॉर्ड 263.2 मिलियन टन है। कुछ दालों के उत्पादन को छोड़ दिया जाए तो गेहूँ, धान और दालों का अच्छी मात्रा में उत्पादन होगा, क्योंकि जहाँ इनका बड़ा पैमाने पर उत्पादन होता है, उन क्षेत्रों में मानसून अच्छा रहा। इस उत्पादन के कारण महँगाई-दर को काबू करने में सरकार को काफी मदद मिलेगी। रिकॉर्ड उत्पादन अनुमान के बावजूद संयुक्त राष्ट्र का कहना है कि दुनिया की सबसे ज्यादा भूखी आबादी भारत में रहती है। इस क्षेत्र में काम कर रहे लोगों के मुताबिक अनाज का भंडारण नहीं, बल्कि 20 करोड़ कुपोषित लोगों तक उसे पहुँचाना सबसे बड़ी चुनौती है। देश में पैदा होनेवाले अनाज का नौ फीसदी हिस्सा भंडारण और ट्रांसपोर्टेशन की सही सुविधा न होने के कारण बरबाद हो जाता है। इस बरबादी को रोकने के लिए सरकारी एजेंसियाँ नए कदमों पर विचार कर रही हैं। इनमें पब्लिक-प्राइवेट पार्टनरशिप मॉडल पर स्टील साइलो स्टोरेज फैसिलिटी तैयार करने की योजना शामिल है। इन एयरटाइट साइलो बैग्स में किसानों से खरीदे गए अनाज को जमा किया जाएगा। इसके अलावा निजी गोदाम मालिकों के साथ लंबे कॉन्ट्रेक्ट करने की योजना है। इसे प्राइवेट एंटरप्रन्योर गारंटी स्कीम का नाम दिया गया है। इसमें निजी कंपनियाँ भी अनाज भंडारण के क्षेत्र में उतर सकेंगी। बीते कई सालों में कई निजी गोदाम तैयार किए गए हैं और सरकारी स्कीम के तहत इन्हें 10 साल की लीज पर भी लिया गया है। इनकी क्षमता केवल 90 लाख टन अनाज तक ही सीमित है। लिहाजा नए मौकों को देखते हुए निजी कंपनियाँ और नए उद्यमी धीरे-धीरे वेयरहाउस (गोदाम) बिजनेस में उतर रहे हैं।

फंडा यह है कि भविष्य को पढ़ने और उसे आज या कल से जोड़ना किसी भी कारोबार की तरक्की और मजबूती के लिए बेहद जरूरी है। उभरते क्षेत्रों में नए खिलाड़ियों के लिए कई अवसर मौजूद हैं।

□

आप साइकिल से भी बिजनेस शुरू कर सकते हैं

निरंथ बीमाना आईआईएम लखनऊ से हैं। उन्होंने बेंगलुरु के आर्मी पब्लिक स्कूल से पढ़ाई की है। यहाँ राजीव सिंह उनके साथी थे। स्कूल में पढ़ाई के दौरान करीब 14 साल तक ये दोनों साइकिल से ही आया-जाया करते थे। निरंथ का आगे चलकर शॉर्ट सर्विस कमीशन के जरिए आर्मी में चयन हो गया। आर्मी में उनका कार्यकाल पूरा हुआ तो वे घर लौट आए। राजीव भी कुछ समय इन्वेस्टमेंट बैंकर के तौर पर काम करने के बाद घर आ गए। अब ये दोनों फिर साइकिल पर थे, लेकिन अबकी बार ये शहर को काफी नजदीक से देख-परख रहे थे और इस कवायद ने उन्हें एक बड़ा बिजनेस आइडिया दे दिया। उन्होंने देखा कि लोग किसी कॉफी शॉप में अपना चश्मा भूल आने की वजह से खुद को कोस रहे हैं या फिर किसी मीटिंग प्वॉइंट पर पेन ड्राइव छोड़ आने की वजह से। ऐसे ही कोई लाइब्रेरी में डीवीडी या किताबें वापस करना भूल रहा है तो कोई ऑफिस में लंच करना। कभी कोई समय पर चैक जमा कराना भूल गया तो कहीं किसी मौके पर अपने ब्वॉय या गर्लफ्रेंड को गुलदस्ता भिजवाने की याद नहीं रही और नहीं तो लोग ट्रैफिक में फँस गए तो भी खुद को कोस रहे हैं कि वे समय पर घर से क्यों नहीं निकले। ऐसे लोगों को देख निरंथ और राजीव का दिमाग चलना शुरू हुआ। एक पार्क में बैठकर उन्होंने इस पर विचार किया।

दो महीने पहले इन दोनों ने साइकिलिंग मैसेंजर सर्विस शुरू की। एक ऐसा बिजनेस आइडिया, जिसमें ज्यादा लोगों को रोजगार मिलने की संभावना है। इसे छोटे शहरों और कस्बों में भी चलाया जा सकता है, क्योंकि वहाँ साइकिलिंग ज्यादा आसान है। ट्रैफिक और जाम से थक चुके लोगों की मदद के लिए यह एक

तरह की कुरियर सर्विस है। इसमें पाँच किलोमीटर के दायरे में 100 ग्राम तक के वजन की चीजों की डिलीवरी की सुविधा दी जाती है। इसके एवज में पैसे लिये जाते हैं, सिर्फ 70 रुपए। यह सुविधा दे रही निरंथ व राजीव की कंपनी का नाम है, साइक्लेरसिटी और महज दो महीने में लोगों को इसकी अहमियत समझ आ चुकी है। लोग समझ चुके हैं कि साइक्लेरसिटी उनके लिए क्या-कुछ कर सकती है। उन्हें पता चल गया है कि यह कोई साधारण कुरियर सर्विस नहीं है, बल्कि एक सुविधा है, जिसके तहत उन्हें उनकी जरूरत की कोई भी चीज महज एक घंटे में डिलीवर की जा सकती है। फिर चाहे वह घर में भूल गया लंच बॉक्स हो, कहीं किसी जगह छूट गया पेन ड्राइव, चश्मा, आईपॉड, कोई अहम् दस्तावेज हो। ब्वॉय या गर्लफ्रेंड को मौके पर गुलदस्ता भेजना हो या इसी तरह का कोई दूसरा काम कराना हो। यहाँ तक कि लोग किसी खास रेस्टोरेंट से अपने लिए खाना मँगवाने के लिए भी इस सर्विस का इस्तेमाल कर रहे हैं। कंपनी का काम लगातार बढ़ता जा रहा है।

दो महीने के भीतर कंपनी के डिलीवर मैन की संख्या 12 हो चुकी है। इनमें से हरेक रोज करीब 50 किलोमीटर का सफर तय कर ऑर्डर्स की डिलीवरी करता है। साइक्लेरसिटी के लोगों के जरिए खाना मँगवानेवालों की संख्या भी बढ़ रही है, क्योंकि ये डिलीवरी मैन ट्रैफिक को मात देते हैं। इन्हें सिग्नल पर रुकना नहीं पड़ता। जाम में भी नहीं फँसते। इससे ये लोग अपने ग्राहकों को जल्दी और गरम खाना पहुँचाने में कामयाब होते हैं। कभी-कभी तो ये रिले रनर की तरह काम करते हैं।

चूँकि हर साइकिलिस्ट का दायरा पाँच किलोमीटर तय है। ऐसे में अगर डिलीवरी इससे ज्यादा दूर पहुँचाना है तो दो या फिर तीन साइकिलिस्ट लगते हैं। निर्धारित दूरी के बाद पहला साइकिलिस्ट दूसरे को और दूसरा आगे जाकर तीसरे को डिलीवरी देता है। फिर वह ऑर्डर देनेवाली कंपनी तक पहुँचता है। ऐसे में निश्चित रूप से सर्विस की फीस बढ़ जाती है। यूरोप के कई देशों में भी इसी तरह का काम होता है। लेकिन वहाँ इसका अंदाज जुदा होता है। सिंगापुर में मैसेंजर्स ज्यादातर यूनिवर्सिटी के स्टूडेंट्स होते हैं, लेकिन भारत में साइक्लेरसिटी ने इस काम के लिए गरीब और पिछड़े समुदाय के लोगों को भरती किया है। इनमें ज्यादातर 22 साल की उम्र के लड़के हैं। यूँ तो कंपनी सामान की डिलीवरी के लिए चार घंटे का समय माँगती है, लेकिन अकसर डिलीवरी इससे पहले ही हो जाती है। कंपनी का आइडिया जरूरतमंद युवाओं के लिए रोजगार के ज्यादा-से-

ज्यादा अवसर मुहैया कराना है। साथ ही बिजनेस का एक ऐसा मॉडल स्थापित करना भी, जिसे छोटे शहरों और कस्बों में आसानी से लागू किया जा सके।

फंडा यह है कि अगर आपका बिजनेस आइडिया बड़ा है तो आप उसे साइकिल से भी शुरू कर सकते हैं। इसमें आप अपने आपको इकोफ्रेंडली बिजनेसमैन के तौर पर स्थापित कर सकते हैं। इसमें निवेश भी कम है।

□

ताजा चलन के हिसाब से अपने ब्रांड में तब्दीली करते रहिए

फौजा सिंह दुनिया के सबसे बुजुर्ग मैराथन-धावक हैं। उन्होंने 2013 में मुंबई मैराथन में हिस्सा लिया था। उस वक्त उन्होंने इस पर नाखुशी जताई थी कि ऐसी प्रतिस्पर्धाओं में सिखों की भागीदारी बहुत कम है। इस असंतोष का सीधा असर यह हुआ कि 2014 की मुंबई मैराथन में 55 सिख हिस्सा लेने जा रहे हैं। पीली पगड़ी में ये लोग 'मुंबई दे सिख' नाम के बैनर तले इस प्रतिस्पर्धा में भाग लेंगे। फौजा सिंह ने मुंबई के बाद पिछले साल ही हांगकांग मैराथन में हिस्सा लिया था। इसके बाद वे रुक गए, क्योंकि उनकी तबीयत अब इसकी इजाजत नहीं देती। उनकी उम्र अब 102 साल हो चुकी है। देश भर में मैराथन जैसी प्रतिस्पर्धाएँ साल-दर-साल बड़ी होती जा रही हैं। काफी लोगों के फेसबुक पेज ऐसे लोगों की तसवीरों से अटे पड़े हैं, जो इनमें हिस्सा ले रहे हैं। कुछ लोगों ने तो अगले स्तर की तैयारियाँ भी शुरू कर दी हैं। ये लोग मैराथन को 'रन फॉर फन' कह रहे हैं। यहाँ अलग तरह की चुनौतियाँ नजर आती हैं, जिनका वे सामना करना चाहते हैं। इस लिहाज से 2014 में इस तरह के अनेक चुनौतीपूर्ण मौके आनेवाले हैं। शुरुआत हैदराबाद में 5,000 फीट (लगभग डेढ़ किलोमीटर) की मड-रन से होगी। यहाँ प्रतिभागियों को कीचड़ और पानी से गड्ढों की बाधाएँ पार करते हुए फिनिश लाइन तक पहुँचना होगा।

फिर बेंगलुरु में मिडनाइट मैराथन होगी। इसमें रनिंग ट्रैक के साथ बड़ी फ्लैश लाइटें, वीडियो स्क्रीन और रॉक बैंड भी होगा। युवाओं के बीच यह दौड़ काफी लोकप्रिय है। मैसूर में होनेवाली एक दौड़ में जंगल और धूल भरे रास्तों से होते हुए प्रतिभागी फिनिश लाइन तक पहुँचेंगे। यहाँ एक रोचक टीवी विज्ञापन का जिक्र किया

जा सकता है। बनियान के इस विज्ञापन में सैफ अली खान 50,000 पुश अप्स बड़े आराम से करने का दावा करते हैं। यह संभव है या नहीं, यह एक अलग सवाल हो सकता है, लेकिन इसमें कोई शक नहीं कि लोग अब हेल्थ को लेकर सचेत हो रहे हैं। कई लोग तो अपने ट्रैक सूट वगैरह कार में ही डालकर चलने लगे हैं। रात में भी जॉगिंग का ट्रेंड जोर पकड़ रहा है। हेल्थ प्रोडक्ट को लेकर लोग ज्यादा डिमांडिंग हो रहे हैं। फिटनेस इंडस्ट्री में संभावनाओं को देखते हुए कई यूनिवर्सिटीज ने ऐसे पेशेवर तैयार करना शुरू कर दिए हैं। भारत में भी फिटनेस इंडस्ट्री धीरे-धीरे बढ़ रही है। व्यायाम शाला का बलिष्ठ कोच अब स्मार्ट फोन से लैस हो चुका है। उसमें उससे कोचिंग लेनेवाले सभी लोगों के बारे में पूरी जानकारी होती है।

किसकी क्या जरूरत है? उसी के मद्देनजर वह कोच लगातार इंटरनेट या अन्य स्रोतों से अपडेट लेकर लोगों के लिए वर्कआउट डिजाइन कर रहा है। ऐसे ही स्पोर्ट एसेसरीज सेंटर, योगा ग्रुप, फिटनेस स्टूडियो, वर्कआउट के लिए डिजाइनर वियर पार्लर, आदि बिजनेस के नए मॉडल सामने आए हैं। देश भर में सैकड़ों फूड कोर्ट खुले हुए हैं, जो साफ-सुथरी और स्वास्थ्यवर्धक डाइट उपलब्ध कराने का दावा करते हैं। यहाँ सुबह कई तरह के जूस उपलब्ध होते हैं, दोपहर को सलाद और शाम को सूप, बीच में उबला हुआ खाना भी रहता है। मतलब सबकुछ वेल डिजाइंड। अब लोगों ने अपनी स्पोर्ट टाइमिंग भी बदल दी हैं। रात को कई युवा एक्जीक्यूटिव को इन दिनों स्पोर्ट्स कॉम्प्लेक्स में देखा जा सकता है और इस बिजनेस में नई एंट्री है—बिजनेस जिम्नेजियम। नए तरह के नाइट क्लब भी कहा जा रहा है इनको। दिन भर के काम के बाद जाकर आप यहाँ रात को अपना पसंदीदा टीवी चैनल देख सकते हैं। ब्राउन ब्रेड और सूप के साथ लोगों से मेल-मुलाकात कर सकते हैं, यानी सोने से पहले शरीर और दिमाग के लिए हेल्दी खुराक। अचरज नहीं होना चाहिए अगर 2014 में कई जिम्नेजियम नाइट क्लबों के इस नए कलेवर में नजर आएँ तो।

फंडा यह है कि अगर आपको अपने शहर में फिटनेस इंडस्ट्री की छोटी सी खिड़की भी खुलती नजर आ रही है तो तुरंत उसमें कूद पड़िए। इस बिजनेस में आज की छोटी शुरुआत आगे चलकर निश्चित रूप से बड़ी साबित होनेवाली है।

□

पोर्टफोलियो कॅरियर एक बेहतर विकल्प हो सकता है

कुछ साल पहले जीतेंद्र यादव बिहार से मुंबई आए। उस वक्त उनके खेतों में फसल खराब हो चुकी थी, नौकरी की तलाश थी। मुंबई में पहले से उनके कुछ संपर्क थे। उसके जरिए फायदा मिला। उन्हें शहर में आते ही चौकीदार की नौकरी मिल गई। परिवार के बाकी सदस्य अब पूरी तरह जीतेंद्र की नौकरी से होनेवाली कमाई पर निर्भर थे। इस एक कमाई से सबका खर्च चलाना मुश्किल था। इसलिए जीतेंद्र ने दिन के समय में एक नौकरी कर ली। एशियन पेंट्स में वे ठेके पर पेंटिंग का काम करने लगे। इस बीच परिवार के कुछ और सदस्यों को भी नौकरी मिल गई। वे भी मुंबई आ गए। लेकिन जीतेंद्र अपने दोनों काम करते रहे, बल्कि कुछ और काम उन्होंने हाथ में ले लिये थे। इससे उन्हें अतिरिक्त कमाई हो रही थी। एक व्यक्ति कमाई के लिए जब इस तरह के कई काम करता है तो इसे पोर्टफोलियो कॅरियर कहा जाता है और ऐसे काम करनेवाले को पोर्टफोलियो कॅरियरिस्ट। इस तरह का व्यक्ति कभी पूरे समय बँधकर एक नौकरी नहीं करता। भारत में यह चलन अभी ज्यादा पुराना नहीं है।

अब चेन्नई के विनीत एम. बेन्नी को ही ले लीजिए। सिर्फ 21 साल की उम्र है इनकी। एक स्कूल चलाते हैं। इनकी डिजाइन ऐंड कंटेंट क्रिएशन फर्म भी है। 'द टेररिज्म' नाम से एक बैंड में परफॉर्म करते हैं। डेजर्ट सफारी नामक रेस्तराँ के मालिक भी हैं। विनीत को रोज चारों जगहों पर अलग-अलग अंदाज में देखा जा सकता है। इतिहास में झाँकें तो पोर्टफोलियो कॅरियरिस्ट का सबसे बढ़िया उदाहरण हैं—लियोनार्दो द विंसी। एक साथ वे न जाने कितनी विधाओं में पारंगत थे। पेंटर, मूर्तिकार, शिल्पकार, संगीतकार, गणितज्ञ, इंजीनियर, आविष्कारक, लेखक, भूगर्भशास्त्री, नक्शानवीस।

हर विधा में खास थे लियोनार्दो। पोर्टफोलियो कॅरियरिस्ट ऐसे ही होते हैं। आम नहीं होते, अपवाद होते हैं। अगर आप ऐसे होना चाहते हैं तो आपको भी आवश्यक रूप से अपवाद होना पड़ेगा। पोर्टफोलियो कॅरियरिस्ट और फ्रीलांसर में फर्क होता है।

फ्रीलांसर एक क्षेत्र विशेष में अलग-अलग काम कर सकता है, लेकिन पोर्टफोलियो कॅरियरिस्ट अलग-अलग क्षेत्रों में पारंगत होता है। विशेषज्ञों का मानना है कि आजकल लोग किसी एक बॉक्स में फिट होकर नहीं रहते। उनमें विभिन्न कौशल होते हैं। उनके भीतर रुचियाँ भी कई होती हैं। वे मल्टीटास्कर होते हैं। मतलब एक साथ कई काम करने में सक्षम। करनेवाले भी। विशेषज्ञों का दावा है कि पोर्टफोलियो कॅरियरिस्ट होने की तरफ यह पहला कदम होता है। पोर्टफोलियो कॅरियर आपको अपना कॅरियर अपनी तरह डिजाइन करने का मौका देता है। देश में ही नहीं, दुनिया में फुल टाइम जॉब की कमी हो रही है। ऐसे में पोर्टफोलियो कॅरियर बेहतर विकल्प हो सकता है। इसमें व्यक्ति अलग-अलग क्षेत्रों में पार्ट टाइम जॉब कर सकता है। इससे उसे फुल टाइम जॉब से ज्यादा आमदनी हो सकती है। खुद के लिए भी पर्याप्त समय मिलता है। नए-नवेले पेशेवरों का रुझान इस तरफ ज्यादा है। वे इसे गंभीरता से ले रहे हैं। अपने पोर्टफोलियो में अलग-अलग कॅरियर जोड़ते जा रहे हैं। अगर आप आजादी और विविधता पसंद करते हैं, नई चीजें सीखना चाहते हैं, नई चुनौतियाँ लेना चाहते हैं, परिवर्तन का आनंद लेना चाहते हैं, अपने हर कौशल को शक्ति बनाना चाहते हैं तो ऐसे में पोर्टफोलियो कॅरियर की ओर रुख किया जा सकता है। इसके लिए दो-तीन गुण बेहद आवश्यक हैं। ऐसा करनेवाले को सेल्फ स्टार्टर होना चाहिए, यानी किसी काम के लिए खुद पहल करनेवाला। उसका टाइम मैनेजमेंट अच्छा होना चाहिए। सभी तरह के हालात को स्वीकार करनेवाला हो और पूरी तरह संगठित हो।

फंडा यह है कि पोर्टफोलियो कॅरियर आपको प्रयोग करने की छूट देता है। सर्वश्रेष्ठ को स्वीकार करने का मौका देता है। खराब को छोड़ सकने का विकल्प देता है और सबसे बड़ी बात यह कि काम एवं निजी जिंदगी के बीच संतुलन स्थापित करता है।

□

ग्राहकों को 'एक्स्ट्रा' देंगे तो आप कुछ भी बेच सकते हैं

गुजरात और महाराष्ट्र की सीमा पर है हिल स्टेशन—सापुतरा। वहाँ के छोटे से बाजार पर उसका एकच्छत्र राज है। हर कोई उससे डरता है। अमरूद या मकई हाथ में पकड़कर वह सीधे ग्राहक की नाक तक ले जाती है। दावे के साथ कहती है, ''मार्केट में बेस्ट है।'' बेस्ट होते नहीं हैं, लेकिन वह अपने व्यक्तित्व के दम पर ही उन्हें बेच देती है। गुजराती और मराठी बोलनेवाले नियमित यात्री उसकी दुकान पर आते हैं। कुछ-न-कुछ खरीदते हैं, फिर उससे बातें करने लगते हैं। उसकी आवाज कोहरे की सूचना देनेवाले सायरन की तरह लगती है। पर्यटकों और उन्हें लुभाने की कोशिश करनेवाले टैक्सी ड्राइवरों के शोर में भी सहजता से उसे सुना जा सकता है। कई भाषाएँ बोलनेवाली यह महिला ऊपर उठी हुई स्ट्रॉ बास्केट में पैर फैलाकर बैठती है। फूलोंवाली, लेकिन गंदी कॉटन साड़ी पहनती है। पल्लू को सँकरे चाबुक की तरह सीने पर लपेटती है।

साड़ी को गंदा होने से बचाने के लिए चेक्स वाला गंदा टॉवेल मोटी कमर पर लपेटती है। उसी टॉवेल से वह चाकुओं को साफ करती है, जिनसे फलों को काटती है। मकई के छिलके उतारती है। उसका चेहरा गोल है। एक कप रूपी केक की तरह सूजा हुआ। जब वह ग्राहक का ध्यान खींचने के लिए मुड़ती है तो पहले गरदन मुड़ती है। बाद में शरीर के बाकी हिस्से। वह सस्ते और भड़कीले रंग के प्लास्टिक टब में अंगूर, अमरूद, मकई, उबले मूँगफली के दाने रखती है। एक तरह से अपने आस-पास सेमी-सर्कल में, फिर वह अपने कुत्ते को बुलाती है। कुछ बार पुकारने पर एक डरावना नजर आनेवाला खरसैला कुत्ता वहाँ आता है। उसकी आँखों में डर देखा जा सकता है। दुबला-पतला, मरियल और हतोत्साहित नजर आनेवाला जानवर। शरीर पर कई जगहों से फर भी गायब हैं।

वह इसे सहन कर रही है। इसकी भी अपनी वजह है। जब भी बड़ा आवारा जानवर उसके फलों की टोकरियों की ओर देखता है, यह कुत्ता उन्हें खदेड़ देता है। कुत्ते का स्वागत ही उसने उसे लात मारकर किया, फिर पल्लू में घर से बाँधकर लाई रात की बची रोटी उसके सामने फेंकती है। झिड़की देते हुए कहती है, "बेकार कुत्ता है। इससे तो कॉकरोच भी नहीं डरता।" बेचारा कुत्ता रोटी का वह टुकड़ा उठाकर टब के बीच में बनी जगह में चला जाता है। जब भी कोई बकरी, गाय या बैल दिखती है, वह सामने आकर दुकान से उन्हें खदेड़ता है।

दोनों ही राज्यों से उसकी दुकान पर आनेवाले पर्यटकों को कमजोर जानवर पर तरस आता है। कुछ तो महिला को यह बताने की कोशिश भी करते हैं कि उसे अच्छा खाना खिलाओ, ताकि वह अपना काम ज्यादा बेहतर तरीके से करे, लेकिन महिला तीखी नजर से उन्हें देखकर ही चुप करा देती है। साथ ही दाग लगे दाँत भी दिखाती है।

मुझे आश्चर्य इस बात का था कि बाजार में बैठी अन्य महिलाओं को ग्राहक जुटाने के लिए कोशिशें करनी होती हैं, जबकि इस महिला के पास ग्राहकों की भीड़ थी। एक स्थानीय रहवासी ने बताया कि वह कई भाषाएँ जानती है। दोनों ही राज्यों के पारंपरिक पकवानों की जानकारी रखती है। थोड़ा-बहुत कन्नड़ भी बोलती है। भारतीय इतिहास से जुड़ी कई कहानियाँ उसे याद हैं। इसके अलावा उसे यह भी पता है कि सापुतरा में क्या करना चाहिए और क्या नहीं। वह अपने गृहनगर की जानकारी देकर ग्राहकों को आकर्षित करती है।

इतना ही नहीं, वह अचानक युवा दंपतियों की संरक्षक बन जाती है। धैर्य के साथ उन्हें गाइड करती है कि किस रेस्तराँ में जाना चाहिए और कहाँ नहीं। उसे हिल स्टेशन पर होनेवाली हर गतिविधि की जानकारी है। जैसे—बाइक राइडिंग, रोप-वे, हॉर्स राइडिंग। उसे यह भी पता है कि हिल स्टेशन पर खाने की वस्तुओं की दर क्या है। किस तरह की सुविधाएँ उपलब्ध हैं। यदि आप क्रॉस चेक करना चाहते हैं तो कर सकते हैं। ग्राहक को वह कुछ 'एक्स्ट्रा' जानकारी देती है। यही उसे ग्राहक से जोड़ता है।

फंडा यह है कि कोई आपको फूल लाकर देगा, इसका इंतजार मत करो। उसकी बजाय अपना बगीचा खुद विकसित करो और अपनी आत्मा को सजाओ। ग्राहकों को वह 'एक्स्ट्रा' दो और अंतर देखो।

□

आनेवाले वक्त पर नजर रखना अच्छे मैनेजमेंट की निशानी है

पहला प्वॉइंट—वर्ल्ड मैटिरियोलॉजिकल ऑर्गनाइजेशन (डब्लूएमओ) का क्षेत्रीय संगठन है, साउथ एशियन क्लाइमेट आउटलुक फोरम। इसमें आठ देश हैं। इन सभी देशों में मौसम लगभग एक जैसा है। इस संगठन ने बुधवार को चेतावनी जारी की है कि भारत में इस साल सामान्य या उससे भी कम बारिश हो सकती है। मौसम की वैश्विक परिस्थितियों के मद्‍देनजर जारी की गई यह पहली भविष्यवाणी है। इन परिस्थितियों का आकलन दुनिया के जाने-माने मौसम विशेषज्ञों ने किया है।

दूसरा प्वॉइंट—खेती-बाड़ी करनेवालों के लिए यकीनन यह भविष्यवाणी अच्छी नहीं कही जा सकती। तिस पर भी इस गरमी के सीजन में करीब 40 फीसदी प्याज की फसल ओलों की वजह से बरबाद हो चुकी है। पिछले साल तो प्याज की फसल अच्छी ही नहीं हुई थी। इसके चलते इसकी कीमतें आसमान छूने लगी थीं। एशिया की सबसे बड़ी प्याज मंडी महाराष्ट्र में नासिक के लासलगाँव में है। वहाँ पिछले साल प्याज की कीमत 6,000 रुपए प्रति क्विंटल तक पहुँच गई थी। वैसे देखा जाए तो इस साल पिछली बार के मुकाबले ज्यादा क्षेत्र में प्याज बोई गई है। साल 2013 में करीब तीन लाख हेक्टेयर में प्याज की बुवाई हुई थी, जबकि 2014 में यह क्षेत्र बढ़कर चार लाख हेक्टेयर हो चुका है, लेकिन अब ओले गिरने से नष्ट हुई फसल के कारण एक बार फिर प्याज की कीमतें बढ़ने की आशंका जताई जा रही है। खासकर मई-जून के महीनों में इसका असर दिख सकता है।

तीसरा प्वॉइंट—मुंबई में मेट्रो रेल का काम पूरी तरह एक निजी कंपनी

के जिम्मे है। आजाद भारत में पहली बार यह हो रहा है। हालाँकि चुनाव की वजह से मेट्रो का उद्घाटन नहीं हो पाया है। कंपनी को पहले उम्मीद थी कि मार्च 2014 तक वह मुंबई मेट्रो का पहला चरण जनता के लिए खोल देगी, लेकिन कंपनी को उस वक्त किसी ने यह सलाह नहीं दी कि यह वक्त 16वीं लोकसभा के चुनाव का हो सकता है। इससे उसके प्रोजेक्ट में देर हो सकती है और अब हुआ यही।

पहले कंपनी और राज्य सरकार इस पर राजी थी कि मेट्रो के टिकटों की कीमतें ज्यादा रहेंगी लेकिन चुनाव के मद्देनजर सरकार इसकी मंजूरी भी नहीं दे रही है। महाराष्ट्र में इसी साल के अंत में विधानसभा चुनाव है। ऐसे में लगता नहीं कि मौजूदा सरकार टिकट कीमतें बढ़ाने का जोखिम लेगी और आनेवाली सरकार भी, चाहे किसी की हो, यकीनन आते ही यह गलती नहीं करेगी, यानी मेट्रो कंपनी दोनों ही मामलों में भविष्य की स्थिति का आकलन करने में असफल रही।

चौथा प्वॉइंट—बैंकों ने पिछले कुछ समय में देश के इन्फ्रास्ट्रक्चर क्षेत्र को धुआँधार तरीके से कर्ज दिया है। शायद कर्ज देते हुए ज्यादा सोच-विचार भी नहीं किया। इसीलिए कई बैंक अब मुश्किल में हैं। क्योंकि कंपनियाँ कर्ज का भुगतान करने में लगातार देर कर रही हैं। अनुमान है कि इस साल 31 मार्च तक 3.3 लाख करोड़ रुपए के आस-पास बैंकों का उधार इस क्षेत्र की कंपनियों पर हो चुका है।

मतलब जिस वक्त प्रोजेक्ट पूरे होने थे, उस वक्त नहीं हुए। इसकी वजह यह कि सरकार से मिलनेवाली कई तरह की मंजूरियों में लगातार देर हुई। आम तौर पर इन्फ्रास्ट्रक्चर लोन पाँच से सात साल के लिए दिए जाते हैं, लेकिन चूँकि प्रोजेक्ट में देर हो रही है, इसलिए कंपनियों की ओर से कर्ज चुकाने में देरी भी लाजमी है और इससे बैंकों की परेशानी बढ़ना भी।

पाँचवाँ प्वॉइंट—साल 2020 तक देश की करीब 60 फीसदी आबादी कामकाज के लायक हो जाएगी, लेकिन सबके लिए नौकरियाँ नहीं होंगी। हर श्रेणी में सिर्फ उन्हीं लोगों को नौकरी मिल पाएगी, जो सर्वश्रेष्ठ होंगे। लिहाजा, हम सबके लिए जरूरी है कि हम आनेवाली पीढ़ी को किसी-न-किसी कौशल से प्रशिक्षित करें, ताकि वह पढ़ी-लिखी होने के बावजूद नौकरी न मिलने से निराशा का शिकार न हो जाए। केरल में हायर सेकेंडरी और अंडरग्रेजुएट लेवल पर एडवांस्ड स्किल एक्वीजीशन प्रोग्राम शुरू किया जा चुका है, जबकि ओडिशा

ने राज्य में सभी जिला रोजगार केंद्रों को कॅरियर डेवलपमेंट सेंटर के तौर पर तब्दील कर दिया है। इन राज्यों की पहल को दूसरे राज्यों में भी आजमाया जा सकता है, बल्कि आजमाया जाना चाहिए।

फंडा यह है कि कृषि से लेकर उद्योग तक और व्यक्ति से लेकर सरकार तक। सबके लिए भविष्य की स्थितियों पर नजर रखना बेहद जरूरी है। इससे विपरीत हालात का सामना करने में मदद मिलती है।

□

भविष्य में पानी का बिजनेस सबसे फायदेमंद होनेवाला है

पहला उदाहरण—इस लोकसभा चुनाव में मथुरा से भाजपा की प्रत्याशी हेमा मालिनी एक वॉटर प्यूरीफायर के विज्ञापन में टीवी पर भी दिखती हैं। इसमें गुजरे जमाने की ये अदाकारा कहती हैं, "हम शपथ लेते हैं, शुद्ध पानी पिलाने की।" लेकिन आम आदमी के लिए यह थोड़ा अचरज भरा होता है। क्योंकि महँगा प्यूरीफायर खरीदना सभी के बस की बात नहीं।

लिहाजा, गुजरात में गांधीनगर के छह स्टूडेंट्स ने कुछ अलग सोचा। ये सभी आईआईटी के छात्र हैं। इन्होंने वॉटर फिल्टर की कीमत 2,000 रुपए से भी नीचे लाने और उसकी क्षमता बढ़ाने का फैसला किया। क्षमता भी इतनी कि 20 परिवार एक साथ इसका लाभ ले सकें।

छात्रों का मकसद यह था कि किसी कॉलोनी या रिहाइश में एक जगह पानी के स्रोत के पास फिल्टर लगा दिया जाए। इसलिए ऐसा वॉटर प्यूरीफायर डिजाइन करने के लिए इन्होंने अल्ट्रावॉयलेट टेक्नोलॉजी और सोलर पॉवर का इस्तेमाल किया। इसकी मदद से दिन भर 100 लोगों को शुद्ध पीने का पानी उपलब्ध कराया जा सकता है।

बाजार में अभी जितने भी प्यूरीफायर हैं, सब-के-सब रिवर्स ऑसमोसिस तकनीक पर आधारित हैं। यह तकनीक अच्छी है, लेकिन इसमें पानी खूब बरबाद होता है। इस तकनीक के जरिए शुद्ध किए गए पानी को ज्यादा देर तक रखा भी नहीं जा सकता। इसीलिए इन छात्रों ने अपने प्यूरीफायर के लिए अल्ट्रावॉयलेट फिल्टरेशन तकनीक का इस्तेमाल किया। डिजाइन में यह भी ध्यान रखा गया कि बिजली की खपत भी कम-से-कम रहे। अब वॉटर ऐंड सेनिटेशन मैनेजमेंट

ऑर्गनाइजेशन के पेशेवर इन छात्रों से बात कर रहे हैं, ताकि वे उनके बनाए प्यूरीफायर को उन इलाकों में लगा सकें, जहाँ लोगों को शुद्ध पानी नहीं मिल पा रहा है।

दूसरा उदाहरण—सपनों के शहर मुबई की अगले 50 साल में हालत खराब होनेवाली है। क्योंकि इस शहर ने पर्यावरण, पानी के संसाधन और ग्रीन कवर, यानी हरियाली का अधिकतम इस्तेमाल कर लिया है। ऐसा विशेषज्ञ कहते हैं। उनके मुताबिक, मुंबई में समुद्र का स्तर 2050 तक करीब दो सेंटीमीटर बढ़ जाएगा। इससे पीने के पानी की सप्लाई भी बुरी तरह प्रभावित होगी। क्योंकि पानी के स्रोतों में समुद्र का खारा जल मिलने लग जाएगा। इस सिलसिले में एनर्जी ऐंड रिसोर्स इंस्टीट्यूट ने स्टडी की है। यह एक एनवॉयर्नमेंटल इंस्टीट्यूशन है। इस स्टडी में ब्रिटेन के मैट ऑफिस हेडली सेंटर ने भी सहयोग किया है।

राज्य सरकार के आग्रह पर हुई स्टडी के जरिए यह समझने की कोशिश की गई कि क्लाइमेट चेंज का असर कहाँ, किस तरह हो रहा है और स्टडी में जो सबसे चिंताजनक स्थिति सामने आई, वह थी पानी के प्रदूषण की। दिन और रात के तापमान में बढ़त की चेतावनी भी दी गई। साथ ही बताया गया कि बारिश ज्यादा होने से मलेरिया जैसी बीमारी फैलने की आशंका बढ़ जाएगी। तटीय इलाकों में बाढ़ की संभावना रहेगी। इससे लाखों लोग बेघर हो सकते हैं। एक वाक्य में कहें तो प्रकृति सालोसाल से हो रहे नुकसान की भरपाई करने को आतुर है।

फंडा यह है कि आनेवाले वक्त में पानी एक ऐसा विषय होनेवाला है, जिस पर सबसे ज्यादा चर्चा होगी, और इस क्षेत्र में कोई भी बिजनेस किया जाए, वह काफी फायदे का साबित होनेवाला है।

□

यह दृष्टि जरूरी है कि आपका आइडिया कैसा आकार लेगा

दिल्ली के लोधी गार्डन को एक बड़ा ऑक्सीजन टैंक कह सकते हैं, क्योंकि यहाँ हर तरह के पेड़ हैं। ढेरों लोग यहाँ सुबह-शाम वॉक के लिए आते हैं। योगेश सैनी भी उन लोगों में शामिल हैं। पिछले साल एक रोज सुबह के वक्त उन्होंने देखा कि नगर निगम के लोग गार्डन के पुराने कचरादानों को बदलकर नए लगा रहे हैं, फिर अगले दिन देखा कि नए कचरादानों के इर्द-गिर्द काफी कचरा पड़ा हुआ है, क्योंकि लोग कचरादान में कचरा नहीं डाल पा रहे हैं। वह यहाँ-वहाँ गिर जाता है। अकसर शाम के वक्त पार्क का स्टाफ इधर-उधर पड़े कचरे को इकट्ठा कर उसे कचरादान में डालते देखा जा सकता था।

सैनी को यह देख आश्चर्य हुआ कि कचरादान नए हैं। साफ-सुथरे हैं, लेकिन उन लोगों की इन पर नजर ही नहीं पड़ रही है, जिन्हें इनका उपयोग करना है और ऐसे में नए कचरादान आखिर किसके काम आ रहे हैं। इन्हें लगाने का मकसद क्या है। सैनी की यह चिंता सिर्फ लोधी गार्डन को लेकर थी, लेकिन देश के बाकी शहरों में भी तो यही हाल है। देश क्या, सात अरब की आबादीवाली पूरी दुनिया में चिंता का यह एक बड़ा कारण है।

आकलन है कि दुनिया में हर व्यक्ति रोज़ करीब 1.5 किलोग्राम कचरा फेंकता है। और यह (कचरा) जल व वायु प्रदूषण के बाद दुनिया की तीसरी बड़ी समस्या बन रहा है। इस पर सैनी ने संजीदगी से सोचा। वे पेशे से उद्यमी हैं, फोटोग्राफर हैं, आस-पास के डेवलपमेंट पर बारीकी से नजर रखते हैं। उन्होंने औरों की तरह पैसे की फिजूलखर्ची की शिकायत करते रहने की बजाय ऐसा करने के बारे में सोचा, जो कुछ अलग हो। जिससे लोगों की नजर कचरादानों पर सहज ही पहुँच जाए। वे

आकर्षक हों और लोग उनमें ही कचरा डालने में दिलचस्पी लेने लगें।

दिल्ली स्ट्रीट आर्ट नामक इस विधा को क्रिएट करने में सैनी को सिर्फ कुछ घंटे लगे। इसके तहत उन्होंने कचरादान की एक डिजिटल इमेज तैयार की। इसके जरिए कचरेदान की शक्ल ही बदल देने की योजना थी। उन पर शानदार कंप्यूटराइज्ड ग्राफिक्स के जरिए एक संदेश देने की भी योजना थी, ताकि लोग उन्हें इस्तेमाल करें। यह योजना बनाने के बाद सैनी को थोड़ा वक्त लगा ऐसे लोगों को ढूँढ़ने में, जो सही तरीके से इसे लागू कर पाएँ। कुछ वक्त नगर निगम के अधिकारियों को इस पर राजी करने में लगा, लेकिन आखिर में प्रयास सफल हुए।

सैनी को हर तरफ से समर्थन मिला और पिछले साल सितंबर से दिसंबर के बीच 75 कलाकारों ने कचरादानों की शक्ल बदल डाली। सिर्फ लोधी गार्डन ही नहीं, बाकी पार्कों के कचरादान को भी डिजाइन किया गया। लोगों ने ही नहीं, राजनेताओं ने भी इस प्रयास की तारीफ़ की। उस समय दिल्ली की मुख्यमंत्री रहीं शीला दीक्षित ने इसका समर्थन किया। दिल्ली स्ट्रीट आर्ट के कलाकारों को सर्टिफिकेट और स्मृति चिन्ह आदि देकर सम्मानित किया गया।

आज दिल्ली का लोधी गार्डन बिलकुल अलग सी दिखनेवाली जगह के तौर पर सामने है। लोधी गार्डन में 100 से अधिक आर्ट-वर्क उसकी खूबसूरती को बढ़ा रहे हैं। ये लोगों को कचरादान का सही इस्तेमाल करने का संदेश देते हैं। उन्हें इसके लिए प्रोत्साहित भी करते हैं। इसका असर यह हुआ है कि पार्क में यहाँ-वहाँ कचरा बिखरे होने की समस्या लगभग खत्म हो चुकी है। देश के दूसरे शहरों में इस आइडिया पर काम किया जा सकता है। लोगों को इस तरह आर्ट-वर्क के जरिए साफ-सफाई की ओर प्रेरित व प्रोत्साहित किया जा सकता है।

फंडा यह है कि अगर आप उद्यमी हैं तो आपमें यह दृष्टि होनी चाहिए कि आपका आइडिया किस तरह की शक्ल अख्तियार करेगा, कैसे नतीजे देगा?

□

कॉमन सेंस भी करोड़पति बना सकता है

पोपटराव पवार अब 54 साल के हो चुके हैं। वे अपने गाँव में एक समय इकलौते पोस्ट ग्रेजुएट हुआ करते थे। लिहाजा, गाँव के युवाओं ने उनसे आग्रह किया कि वे सरपंच का चुनाव लड़ें, लेकिन पवार की इसमें दिलचस्पी नहीं थी। परिवारवाले चाहते थे कि वे शहर जाएँ और बड़ी सी नौकरी करें, जबकि पवार क्रिकेटर बनना चाहते थे। खेलते भी अच्छा थे। घर के लोगों को भी लगता था कि वे एक-न-एक दिन कम-से-कम रणजी टूर्नामेंट में तो खेल ही लेंगे।

आखिरकार हुआ क्या? पोपटराव गाँव के सरपंच ही बने, सिर्फ यही नहीं, उन्होंने गाँव को क्रिकेटरों से ज्यादा दौलतमंद बना दिया। हो सकता है, आपको यकीन न हो, क्योंकि जब आप पवार के गाँव का इतिहास खँगालेंगे तो मौजूदा स्थिति पर शक हो सकता है। एक समय महाराष्ट्र के अहमदनगर जिले का हिवड़े बाजार नाम का यह गाँव गरीबी से त्रस्त था। लोग भी शराब के लती और तरह-तरह के अपराध आम, लेकिन अब हालात एकदम उलट हैं।

कभी भयंकर सूखा प्रभावित इलाके में गिना जानेवाला हिवड़े बाजार आज समृद्धि की उजली मिसाल बन चुका है। यह गाँव इसका भी उदाहरण है कि कैसे कॉमन सेंस और पक्का इरादा हालात को 360 डिग्री पर बदल सकता है। इस गाँव में 1995 तक लोगों की प्रतिव्यक्ति आय थी—800 रुपए महीना। आज यह 30,000 रुपए महीना हो चुकी है। गाँव में करीब 250 परिवार हैं। आबादी 1,550 के करीब। इनमें से 63 लोग करोड़पति हैं। पहले 1995 तक यहाँ 90 कुएँ होते थे। इनमें पानी भी 80 से 125 फीट तक होता था। आज यहाँ 295 कुएँ हैं और पानी 15 से 45 फीट तक मिल जाता है, जबकि अहमदनगर जिले के दूसरे इलाकों में 200 फीट तक पानी मिल पाता है।

बहरहाल, हिवड़े बाजार आज वह गाँव है, जहाँ हर परिवार खुशहाल है। यह कैसे हुआ? खासकर तब, जबकि गाँव में सालाना बारिश सिर्फ 15 फीसदी होती थी।

कम बारिश की वजह से जमीन बंजर हो चुकी थी। हैरान-परेशान लोग शराब, जुए और लड़ाई-झगड़े में लगे रहते थे। गाँव में शराब की 22 दुकानें थीं। ऐसे में जब पवार सरपंच बने तो उन्होंने सबसे पहले ये दुकानें बंद कराईं। शुरुआत मुश्किल थी, लेकिन पवार ने लोगों को समझाया और उन्हें गाँव में ही रेन वाटर हार्वेस्टिंग के काम में लगाया।

गाँववालों ने मिट्टी के 52 बाँध बनाए। बारिश का पानी इकट्ठा करने के लिए दो बड़े टैंक और 32 पथरीले बाँध तथा नौ चौकडैम भी बनाए। सरकार से जो पैसा मिला, उसे भी गाँव में सही तरीके से इस्तेमाल किया गया। गाँव में बारिश हो तो अब भी कम ही रही थी, लेकिन पानी रुक ज्यादा रहा था। इससे सिंचाई का क्षेत्र बढ़ गया। इतने बाँध और चौकडैम बनने के बाद पहले मानसून में ही सिंचाई का क्षेत्र 20 हेक्टेयर से बढ़कर 70 हेक्टेयर हो गया। साल 2010 में गाँव में सिर्फ 190 मिलीमीटर बारिश हुई, लेकिन खेतों में पैदावार, आस-पास के कई गाँवों की तुलना में बेहद ज्यादा।

देश का यह इकलौता गाँव है, जहाँ वाटर ऑडिट होती है। चिलचिलाती गरमी में भी हिवड़े बाजार के पेड़ फलों से लदे होते हैं। पथरीले मैदान पर बसे इस गाँव का हर बच्चा स्कूल जाता है और स्कूल में पानी के संरक्षण का कोर्स अनिवार्य है। पानी के संरक्षण के लिए जो भी काम होते हैं, उनमें गाँव के सभी लोग स्वेच्छा से हिस्सा लेते हैं। पानी का उपयोग ठीक ढंग से हो रहा है या नहीं, इस पर हर माह ग्रामसभा की बैठक में विचार होता है। निगरानी रखी जाती है।

सूखे के मौसम में मूँग और बाजरा जैसी फसलें खेतों से ली जाती हैं। ये ऐसी फसलें हैं, जिनके लिए कम पानी की जरूरत होती है। जब पानी खूब होता है तो गेहूँ जैसी पैदावार ली जाती है। ड्रिप-सिंचाई तकनीक का भी इस्तेमाल किया जाता है। खासकर सब्जियाँ उगाने के लिए। बदलाव की यह बयार लाने में पवार और उनके साथियों को 21 साल लगे। अब इसके नतीजे सामने आ रहे हैं। हालाँकि अब पवार का दावा है कि वे यही सब काम किसी और जगह के लिए महज दो साल में कर सकते हैं। वे इसके विशेषज्ञ जो हो चुके हैं।

फंडा यह है कि किसी रॉकेट साइंस की जरूरत नहीं। सिर्फ बेसिक कॉमन सेंस एप्लाई करके भी लोगों को करोड़पति बनाया जा सकता है। सवाल सिर्फ एक ही है कि आपका इरादा यह सब करने के लिए कितना बुलंद है।

□

इ-कॉमर्स की अनदेखी आप अपने जोखिम पर ही करें

कुछ समय पहले दैनिक भास्कर में जयपुर के अरविंद जुनेजा के बारे में खबर छपी। अरविंद इ-बे पर नियमित रूप से सामान बेचते हैं। उन्होंने वेबसाइट पर कुछ दिन पहले 3.69 कैरेट का माणिक (रूबी) बेचने के लिए लिस्टेड किया। इसे बाद में एक अमरीकी ने 8,20,000 रुपए में खरीदा। यह इ-बे पर इ-कॉमर्स के जरिए तब तक बिका सबसे महँगा रत्न था। इस मिसाल का मकसद यह बताना है कि ई-बे, फ्लिपकार्ट, अमेजन, जबोंग स्नैपडील जैसी कंपनियाँ देश में जगह बना रही हैं।

साल 2014 में फ्लिपकार्ट ने ही 5,290 करोड़ रुपए का बिजनेस कर लिया है। मौजूदा वित्त वर्ष के बाकी बचे महीनों में इ-कॉमर्स में 40 फीसदी की बढ़ोतरी और होने की उम्मीद है। पिछले साल भी इ-कॉमर्स इंडस्ट्री ने 63,480 करोड़ रुपए का व्यवसाय किया है। साफ है कि देश में कि कॉमर्स कंपनियाँ पैर जमाने के संकेत दे रही हैं। उनकी योजनाएँ देखकर भी ऐसा लगता है—ये कंपनियाँ 60,000 कर्मचारियों को भरती करने जा रही हैं। कहा तो जा रहा है कि यह आँकड़ा एक लाख तक भी जा सकता है।

ये कंपनियाँ खासकर, सहायकों, सप्लाई चेन और लॉजिस्टिक (सामान लाने-ले जानेवाले) को डिपार्टमेंट में भरती करना चाहती हैं। ऑनलाइन खरीद-फरोख्त का दायरा ऐसे ही बढ़ा तो फैक्टिरियों में भी रोजगार बढ़ेगा, यह भी तय है। फ्लिपकार्ट ने जल्द 12,000 नए कर्मचारी भरती करने की घोषणा की है। कंपनी की ई-कॉमर्स डिवीजन के साथ जुड़े इंजीनियरों की

तादाद ही इस वक्त करीब 1,200 है। इसके अलावा देश के 30 अलग-अलग हिस्सों में जो लोग काम कर रहे हैं, उनकी तादाद अलग है।

एक और कंपनी है मंत्रा। इसने भी 500 नए कर्मचारी जोड़ने की योजना बनाई है। हालाँकि इसे पिछले महीने ही 2,000 करोड़ रुपए में फ्लिपकार्ट ने खरीद लिया है। फिर भी भर्तियाँ तो होंगी ही। स्नैपडील के पास फिलहाल 1,300 कर्मचारी हैं। वह इसे दोगुना, यानी 2,600 करने जा रही है। जबोंग को 750 नए कर्मचारी जोड़ने हैं। अमेजन आठ से 10,000 तक नए कर्मचारी भरती कर सकती है। जमातो को 650 कर्मचारियों की जरूरत है। पे-टीएम को 400 नए कर्मचारियों की तलाश है। टैक्सीफॉरस्योर 1,500 नए ड्राइवर भरती करने जा रही है। वहीं ओलाकैब 300 ड्राइवर भरती कर सकती है।

दुनिया में इस वक्त इ-कॉमर्स के जरिए खरीदारी करनेवाले सबसे ज्यादा उपभोक्ता अमरीकी हैं। अब तक मंदी झेल रही अमरीकी अर्थव्यवस्था को भी इससे फायदा हुआ है। वहाँ की जीडीपी इस वित्त वर्ष की दूसरी तिमाही 4.2 फीसदी रही है। कारखानों को भी ज्यादा माल तैयार करने के ऑर्डर मिल रहे हैं।और रोजगार भत्ता चाहनेवालों की तादाद 3,00,000 तक सिमट गई है।

फर्क यह आया है कि 2007 की तुलना में इ-कॉमर्स के 2014 के ग्राहक भी अब क्वालिटी प्रोडक्ट की अपेक्षा रख रहे हैं। वह भी कम-से-कम कीमत पर। साथ में उन्हें वह सब गारंटी भी चाहिए, जो सामान्य खुदरा बाजार में मिलती है। इन संकेतों को फ्यूचर ग्रुप के दिग्गज किशोर बियानी और गोदरेज फूड डिवीजन आदि ने भी शायद समझ लिया है। हालाँकि ये वे लोग हैं, जो रिटेल स्टोर खोलने में ज्यादा यकीन रखते हैं, लेकिन इसके बावजूद अब इ-कॉमर्स की तरफ कदम बढ़ा रहे हैं। इन कॉरपोरेट समूहों ने सीनियर और मिडिल लेवल के अफसरों को इ-कॉमर्स का काम देखने के लिए लगा दिया है। साथ ही नई भरतियाँ करने को भी कहा है।

भारत के ऑनलाइन रिटेल बिजनेस क्षेत्र में निवेश करने के लिए दुनिया के बड़े निवेशक लाइन लगाए हुए हैं और निश्चित रूप से करते जा रहे

हैं, करेंगे भी। ऐसे में, नौकरी ढूँढ़नेवालों को भी इस नए उभरते क्षेत्र के हिसाब से खुद को तैयार कर लेना चाहिए। मौके काफी हैं।

फंडा यह है कि इ-कॉमर्स का क्षेत्र ऐसा है, जिसके टिकने की संभावना खारिज नहीं की जा सकती। हालाँकि यह कितना ज्यादा टिकेगा, इस पर दावे के साथ कुछ नहीं कहा जा सकता। फिर भी इसकी अनदेखी करना समझदारी नहीं होगी और अगर आप अनदेखी कर रहे हैं तो यह आप अपने जोखिम पर कर रहे हैं। खासकर नौकरी की तलाश करनेवाले लोग।

□

सफलता के लिए काम के तरीके में करें बदलाव

वह बड़ा सा मीटिंग हॉल था। कई लोग एक बड़ी टेबल के इर्द-गिर्द बैठे थे। वहाँ कुछ प्रोडक्ट थे। एक व्यक्ति उनके बारे में वहाँ मौजूद लोगों को बता रहा था। बाकी शायद उन प्रोडक्ट को खरीदने के इच्छुक थे। वह कह रहा था, ''यह सागौन का फर्नीचर, ये पैठनी और जरी की साड़ियाँ। हमारे यहाँ बननेवाली ये चीजें बाजार में इस किस्म के किसी भी प्रोडक्ट से बेहतर हैं।'' कुछ समय बाद यही व्यक्ति अपनी कंपनी के मार्केटिंग डिपार्टमेंट के लोगों की बैठक ले रहा था। वहाँ उसने एक प्रस्ताव रखा। कहा, ''अगर स्टाफ का कोई व्यक्ति ऑफिस के काम के बाद हमारे प्रोडक्ट बेचता है तो उसे कमीशन मिलेगा। प्रोडक्ट जितनी कीमत पर भी बेचा जाएगा, उसका 6.25 फीसदी।'' अंदाजा लगाइए, भला यह व्यक्ति कौन हो सकता है? वह किस कंपनी या डिपार्टमेंट से संबंधित है, उत्तर शायद आसान हो।

लिहाजा, हम ही खुलासा कर देते हैं। ये हैं—महाराष्ट्र जेल विभाग की मुखिया मीरा बोरवनकर। राज्य केभी जेलों में इन्होंने एक तरह से 'खुदरा क्रांति' ला दी है। सभी जेलों में कैदियों द्वारा कई किस्म के प्रोडक्ट बनाए जा रहे हैं। इन्हें प्रदर्शनियाँ लगाकर बेचा भी जा रहा है। आईपीएस मीरा रोज और हर महीने बिक्री की रिपोर्ट लेती हैं। उनके पास प्रोडक्शन रिपोर्ट भी पहुँचती है और इसकी भी कि कहाँ कितनी किस्म के प्रोडक्ट बन रहे हैं। इसके अलावा उनके पास इस सिलसिले में रिपोर्टें पहुँचती हैं कि कब और कहाँ-कहाँ प्रदर्शनियाँ लगाई गईं। इन पर कहाँ-कितना खर्च हुआ। इस काम में कितने लोग हैं। कैदियों में कौशल-विकास के

लिए कहाँ-किस तरह के इंतजाम हैं, आदि। महाराष्ट्र इंडस्ट्रीज की ऑडिट रिपोर्ट की मदद से इन दिनों राज्य के सभी जेलों के अधीक्षक मार्केटिंग मैनेजर जैसे हो चुके हैं। इनके बीच जेलों के प्रोडक्ट की ज्यादा-से-ज्यादा बिक्री की प्रतिस्पर्धा है। साथ ही जेल अधीक्षक अपनी जेलों के लिए इंडस्ट्रियल यूनिटों से प्रोडक्ट सप्लाई के ठेके भी ले रहे हैं। इस वक्त राज्य के नौ केंद्रीय जेल और दो जिला जेलों में 11 छोटी औद्योगिक इकाइयाँ चल रही हैं। ये टैक्सटाइल, हैंडलूम, पावरलूम, कारपेंटरी, लैदर, टेलरिंग, बेकरी, पेपर, कैमिकल, कैंडल, लॉन्ड्री आदि से संबंधित हैं। जेल की औद्योगिक इकाइयों को बेहतर करने के लिए उद्योग विभाग के जॉइंट डायरेक्टर ने भी योजना बनाई है।

मकसद सिर्फ यही है कि ज्यादा-से-ज्यादा कैदियों को रोजगार दिया जाए, ताकि उनमें सुधार हो और उनका पुनर्वास हो सके। जेलों की औद्योगिक इकाइयों में संभावनाएँ अपार हैं। बशर्ते उनके उत्पादन को सही दिशा मिले और उसकी अच्छी मार्केटिंग हो जाए। अब तक ये इकाइयाँ परंपरागत तरीके से ही काम कर रही थीं। उत्पादन सीमित था। जो प्रोडक्ट बनते थे, उन्हें भी सरकारी विभागों में ही बेचा जाता, लेकिन मीरा द्वारा जिम्मेदारी सँभालने के बाद स्थितियाँ काफी बदली हैं। उन्होंने जेल प्रभारियों को कहा है कि वे विभिन्न स्तरों पर मार्केटिंग एक्जीक्यूटिव्स नियुक्त करें, ताकि खुले बाजार में जेल के प्रोडक्ट तेजी से बेचे जा सकें। वे निजी इकाइयों के उत्पादों को कड़ी प्रतिस्पर्धा दे सकें। असर भी दिख रहा है। 2013-14 में जेल की औद्योगिक इकाइयों की आमदनी बढ़कर 9.59 करोड़ हो गई।

यह आमदनी इससे पहले, यानी 2011-12 में 8.87 करोड़ रुपए ही थी। कैदियों को दिया जानेवाला मेहनताना भी बढ़ गया। पहले उन्हें रोज 15 रुपए मिलते थे। अब उन्हें तीन श्रेणियों में बाँट दिया गया है। पहली श्रेणी कुशल मजदूर कैदियों की है। उन्हें रोज 55 रुपए मिलते हैं। दूसरी ओर तीसरी श्रेणियाँ अर्धकुशल अकुशल कैदियों की हैं। उन्हें 50 और 40 रुपए रोज दिए जा रहे हैं। जेलों में 7,000 कैदी हैं। इनमें से 2,200 को रोजगार मिला है।

जेल की औद्योगिक इकाइयाँ प्रोडक्शन के साथ-साथ ट्रेनिंग-सेंटरों के तौर पर भी काम कर रही हैं। अब इनमें काम करनेवाले कैदियों को उनकी सजा पूरी होने के बाद सर्टिफिकेट भी दिए जा रहे हैं ताकि उन्हें बाहर जाकर रोजगार हासिल करने में दिक्कत हो या बिजनेस शुरू करने के लिए लोन मिल सके।

दरअसल, आईपीएस मीरा कैदियों को सिर्फ सजा का हकदार नहीं मानतीं। वे उनमें प्रतिभा भी देखती हैं और उसी को निखार रही हैं।

फंडा यह है कि अगर आप अपना तरीका बदलें तो कई चीजें देख सकते हैं। वे भी जिनकी पहले अनदेखी हो रही थी। इससे आप पर और समाज पर भी बड़े पैमाने पर प्रभाव नजर आएगा।

□

बेहतर जन सुविधाएँ लंबे वक्त तक चलें, इसके लिए भी जरूरी है मार्केटिंग

दुनिया के कई हिस्सों में मेट्रो ट्रांसपोर्ट का पसंदीदा साधन है। इसके बावजूद दुनिया की ज्यादातर मेट्रो कंपनियाँ उम्मीद के मुताबिक मुनाफा नहीं कमा रही हैं। इसी बीच स्टेशनों के नाम के साथ ब्रांड्स या कंपनियों के नाम जोड़ने का ट्रेंड भी जोर पकड़ रहा है। इसका कारण है विज्ञापन से होनेवाली इनकम। गुड़गाँव रैपिड मेट्रो इसका उदाहरण है। इसे बनानेवाली कंपनी आईएल ऐंड एफएस ने चार मेट्रो स्टेशनों को ब्रांडिंग के लिए खोला। गुड़गाँव रैपिड लाइन मेट्रो पर वोडाफोन ने ऐसे ही एक स्टेशन की ब्रांडिंग की है। वोडाफोन के अलावा माइक्रोमैक्स, एयरटेल और इंडसइंड बैंक ने भी कुछ मेट्रो स्टेशनों के साथ 3 से 5 साल के लिए ब्रांडिंग करार किया है। मुंबई की रिलायंस मेट्रो भी 11.4 किमी लंबी मेट्रो लाइन और 12 स्टेशनों की ब्रांडिंग के लिए नीलामी प्रक्रिया में लगी हुई है। चेन्नई मेट्रो लिमिटेड भी ऐसी योजना बना रही है। दरअसल, स्टेशनों की ब्रांडिंग मेट्रो ट्रेनों के विस्तार में काफी मददगार साबित हो सकती है। ज्यादातर मेट्रो प्रोजेक्ट केंद्र और राज्य सरकारों द्वारा मिलकर बनाए जाते हैं। कुछ ऐसे ही मेट्रो प्रोजेक्ट हैं, जिन्हें निजी कंपनियाँ बना रही हैं। इनमें हैदराबाद मेट्रो एक है।

इसे एलऐंडटी बना रही हैं। भारत में मेट्रो जैसे बड़े सार्वजनिक परिवहन नेटवर्कों से किराए के अलावा आमदनी निकाल पाना बेहद गंभीर मसला है। यहाँ कई दबावों के कारण निर्माण और परिचालन की ज्यादा लागत के बावजूद किराया कम रखना पड़ता है। ऐसे में स्टेशन की ब्रांडिंग कंपनी और मेट्रो चलानेवाली कंपनी के लिए फायदे का सौदा साबित होता है। आमतौर पर किसी कंपनी को पाँच साल के लिए ब्रांडिंग अधिकार दिए जाते हैं, जिन्हें पाँच साल और बढ़ाया

जा सकता है। इसमें कंपनियाँ व्यस्त वक्त में भी ग्राहकों से जुड़ी रहती हैं। उदाहरण के लिए मेट्रो स्टेशनों पर बने वोडाफोन स्टोर, जहाँ भागम-भाग के बीच ग्राहक कंपनी के प्रोडक्ट और सर्विस ले सकता है। इससे यह संदेश भी जाता है कि कंपनी मेट्रो स्टेशनों तक में सुविधाएँ देती है। 72 किमी. लंबी हैदराबाद मेट्रो परियोजना में एलऐंडटी ने इनकम मॉडल में 50 फीसदी आय किराए से, 45 फीसदी प्रॉपर्टी डेवलपमेंट से और पाँच फीसदी आय विज्ञापन और दूसरे स्रोतों से रखी है। अंतरराष्ट्रीय स्तर पर सरकारें और मेट्रो कंपनियाँ कहीं ज्यादा आय स्टेशनों की ब्रांडिंग से कमा रही हैं। दुनिया में दुबई मेट्रो ने सबसे पहले स्टेशनों की ब्रांडिंग शुरू की। इसके बाद शिकागो, बोस्टन, ह्यूस्टन और लंदन की मेट्रो कंपनियों ने इसे फॉलो किया। दुबई मेट्रो ने अप्रैल 2014 में 13 स्टेशनों की ब्रांडिंग से करीब छह लाख करोड़ कमाए। यह मेट्रो कंपनी द्वारा पूरे नेटवर्क के रख-रखाव और परिचालन में होनेवाले खर्च का 60 फीसदी हिस्सा था। कंपनी के मुताबिक 2017 तक वे मेट्रो पर आई लागत वसूल लेंगे।

दुनिया भर में सड़कों का दबाव कम करने और लोगों को यातायात का तेज विकल्प देने के लिए मेट्रो का विस्तार हो रहा है। साथ ही इसकी लागत जल्दी निकालने के नए तरीके भी खोजे जा रहे हैं। इनमें किसी शहर और संस्कृति की गरिमा को ध्यान में रखते हुए स्टेशनों की ब्रांडिंग करना सबसे लोकप्रिय हो रहा है। उदाहरण के लिए दुबई मेट्रो ऐसी कंपनियों को ब्रांडिंग की इजाजत नहीं देती, जिनके उत्पाद किसी समुदाय या नागरिकों की भावनाएँ आहत करें। मसलन सिगरेट-शराब जैसे प्रोडक्ट।

फंडा यह है कि अच्छी सार्वजनिक सेवाएँ, जो कम कीमत में समाज के सबसे कमजोर तबके को भी कवर करती हैं, उन्हें लंबे समय तक चलाने और बरकरार रखने के लिए नई मार्केटिंग और ब्रांडिंग रणनीति को अपनाना होगा।

□

अच्छे मैनेजमेंट को तुरंत प्रतिक्रिया देकर फैसले लेनेवाला होना चाहिए

मुसीबत में फँसी किसी जिंदगी को बचाने के लिए 15 मिनट बहुत बड़ा वक्त होता है। अगर संबंधित संस्था इन 15 मिनट के अंदर किसी जिंदगी को बचा नहीं पाती है तो इसका सीधा मतलब है कि उस संस्था के मैनेजमेंट में जबरदस्त खामियाँ हैं। इसे दिल्ली के चिड़ियाघर में हुई घटना से समझा जा सकता है।

किलर विजय—सात साल का बाघ विजय जिसने युवक को मारा। विजय जंगल नहीं, चिड़ियाघर में पैदा हुआ। उसने कभी शिकार करना नहीं सीखा। वह गरमियों में रोज 10 किलो और सर्दियों में 12 किलो मांस खाता है। घटना से ठीक पहले विजय भोजन कर चुका था। उसकी आदत है कि वह अपने भोजन को धीरे-धीरे खाता है। वहीं जंगल में रहनेवाले बाघ शिकार के लिए औसतन 27 बार कोशिश करते हैं। यही वजह है कि जब मकसूद उसके बाड़े में गिर गया तो वह 15 मिनट तक उसे देखता रहा। वे 15 मिनट उसे बचाने के लिए काफी थे।

शिकार बना शख्स—मकसूद को दर्दनाक मौत के लिए आसानी से जिम्मेदार ठहरा सकते हैं, क्योंकि वह मानसिक तौर पर अस्वस्थ था, इसके बावजूद चिड़ियाघर गया। उसने लोहे के बैरिकेड फाँदे और बाड़े की बाउंड्री से झुककर देखने लगा तथा पत्थर भी मारे। हालाँकि यह पूरे देश में एक कॉमन नजारा है। चिड़ियाघर या ऐसी ही किसी जगह पर समझदार लोगों को भी ऐसा करते देख सकते हैं। जो हुआ वह एक दुर्घटना थी। ऐसा करनेवाला कोई भी इनसान चाहे वह मानसिक रूप से अस्वस्थ हो या सामान्य मकसूद की तरह बाउंड्री से नीचे गिर सकता है, क्योंकि आमतौर पर इनके किनारे बेहद फिसलन भरे होते हैं।

मौके पर मौजूद लोग—संकट के वक्त क्या किया जाए, इसके लिए किसी

भी आम भारतीय को ट्रेनिंग नहीं दी जाती। ऐसे में लोगों पर यह आरोप मढ़ देना कि उनके शोर मचाने और पत्थर फेंकने से बाघ ने मकसूद पर हमला किया, एक कमजोर बहाना है। जब हमें इस तरह की घटनाओं से निपटना सिखाया ही नहीं जाता तो हम क्या करेंगे। एक भीड़ की शक्ल में ही पुराने तौर-तरीके अपनाएँगे। चाहे बाढ़ आए, मकान ढह जाए या फिर भूकंप आए।

चिड़ियाघर प्रशासन—15 मिनट में जू प्रशासन मकसूद को बचाने के लिए काफी कुछ कर सकता था। पहला, बाड़े के बाहर गार्ड मौजूद रहता तो वह मकसूद को रोक सकता था। जब घटना हो ही गई थी, तब जू के कर्मचारी बाघ का ध्यान बँटा सकते थे। उसे पानी की बौछारों से दूर भगा सकते थे या फिर बेहोशी का इंजेक्शन दे सकते थे, जैसा कि विदेशों में होता है। अलार्म लगी रस्सीवाली सीढ़ियों की मदद से मकसूद को बाहर निकाला जा सकता था, लेकिन वह गोल्डन 15 मिनट गँवाने के बाद जू प्रशासन एकजुट हुआ।

घटना जो सबक दे गई—सुरक्षित चिड़ियाघरों के लिए लोगों को जानवरों की इज्जत करना सीखना होगा। चिड़ियाघर प्रशासन को भी सुनिश्चित करना चाहिए कि वहाँ पत्थर और लकड़ियाँ रहें। इसके अलावा कर्मचारियों का हमेशा चौकन्ना रहना और समय-समय पर लोगों को लाइफ-सेविंग ट्रेनिंग देना भी जरूरी है।

फंडा यह है कि किसी भी परिस्थिति में तुरंत फैसले लेना और जल्द प्रतिक्रिया देना अच्छे मैनेजमेंट की पहचान तथा एक हॉलमार्क बन जाता है।

□

कौन कहता है कि आप बीच में अपना कॅरियर नहीं बदल सकते

मान लीजिए आपके पास कॅरियर के दो विकल्प हैं—पहला, एक ऐसा जॉब जो अच्छे पैसे देता है। दूसरा, जहाँ जिम्मेदारियाँ ज्यादा हैं, लेकिन पैसे कम मिलते हैं। आप क्या चुनेंगे? जाहिर सी बात है, ज्यादातर लोग पहला विकल्प ही चुनेंगे, लेकिन हम आपको ऐसे दो लोगों के बारे में बताते हैं, जिन्होंने कुछ अलग चुना।

श्रीराम वेंकटरमन एक सफल डॉक्टर हैं। उनके पेशे में पैसा कितना है, यह बताने की जरूरत नहीं। अपने पेशे में व्यस्त होने के बावजूद उन्होंने सिविल सर्विस की परीक्षा देने का फैसला किया। पिछले साल पहला प्रयास किया। फेल हो गए, लेकिन हिम्मत नहीं हारी। इस बार दूसरी कोशिश की। सफल रहे। दरअसल, डॉक्टर बनने के बाद उन्हें यह एहसास हुआ कि वे इस पेशे के जरिए सिर्फ कुछ निश्चित संख्या में ही लोगों की मदद कर पा रहे हैं। उनका इलाज कर पा रहे हैं, लेकिन वे अगर बीमारियों और दवाइयों के बारे में अपने ज्ञान के साथ प्रशासनिक अधिकारी भी बन जाते हैं तो ज्यादा लोगों की मदद कर सकेंगे। इस पद के साथ उनके पास स्वास्थ्य संबंधी नीतियों को लागू करने-कराने का अधिकार भी होगा। बस इसी सोच के साथ उन्होंने ऑल इंडिया सिविल सर्विस परीक्षा दी। देश भर में दूसरा स्थान हासिल किया। अब पोस्टिंग का इंतजार कर रहे हैं।

अब उसके बारे में बताते हैं, जिसने सिविल सर्विस परीक्षा में ही इस साल देश में पहला स्थान पाया है। हरिथा वी. कुमार, आईएएस की परीक्षा को किसी भी ग्रेड में पास नहीं करना चाहती थीं। वे इसमें शीर्ष पर ही रहना चाहती थीं। अपनी इसी सोच के चलते उन्होंने यह सुनिश्चित किया। उन्हें शीर्ष स्थान तो मिले ही, उनके बराबर नंबर भी किसी के न आ पाए। तीसरे प्रयास में उन्हें यह कामयाबी

मिली। इससे पहले उन्हें भारतीय राजस्व सेवा में अधिकारी बनने का प्रस्ताव मिला था। कस्टम और सेंट्रल एक्साइज विभाग में मोटी कमाईवाले पद इस सेवा के तहत मिलते हैं। हरिथा की उम्र का कोई भी उम्मीदवार इस सेवा के लिए शायद ही मना करता, लेकिन हरिथा ने इनकार कर दिया। वे अर्जुन की तरह अपने लक्ष्य पर केंद्रित थीं, जिसे उन्होंने हासिल भी कर लिया। इंजीनियरिंग का बैकग्राउंड है हरिथा का और केरल की पहली महिला हैं, जिन्होंने सिविल सर्विस परीक्षा में शीर्ष रैंक हासिल की है। वैसे केरल को 20 साल पहले यह गौरव हासिल हुआ था। उस वक्त राज्य के एक पुरुष उम्मीदवार ने सिविल सर्विस में देश में पहला स्थान पाया था।

श्रीराम और हरिथा में काफी समानताएँ हैं। जैसे कि अपने पहले प्रयास में विफल रहने के बावजूद वे प्रेक्टिस करते रहे। परीक्षा में मिलनेवाले समय का ठीक-ठीक प्रबंधन कैसे हो, इस पर विशेष ध्यान दिया। इसके लिए पिछले सालों के प्रश्नपत्रों को समयबद्ध ढंग से हल करने की एक्सरसाइज खासतौर पर की। इससे उन्हें सबसे ज्यादा फायदा हुआ। समसामयिक मुद्दों पर उन्होंने बराबर नजर रखी। भ्रष्टाचार, गरीबी, बेरोजगारी, महिला सुरक्षा जैसे मुद्दों को कैसे हल किया जाए, इस पर तो जैसे इन दोनों ने मास्टरी हासिल कर ली थी। ये वे मुद्दे हैं, जिनसे जुड़ी खबरों से देश के हर हिस्से के अखबार आजकल अटे पड़े रहते हैं और एक आखिरी बात जो दोनों को खास बनाती है—जनता से जुड़े मुद्दों पर इनकी संवेदनशीलता। तेजी से निर्णय लेने की क्षमता और जल्दी से ऐसे मुद्दों को हल करने की उनकी आदत ने उन्हें इंटरव्यू के दौरान तीखे और कठिन सवालों का सहज ढंग से सामना करने के योग्य बनाया। लिखित परीक्षा में तो इसका फायदा मिला ही।

फंडा यह है कि आप लक्ष्य के प्रति पूरी तरह समर्पित हैं तो सफल व्यवसाय को बीच में छोड़कर भी नए पेशे में जा सकते हैं। अगर एक डॉक्टर और इंजीनियर ऐसा कर सकते हैं तो आपको अपने सपने पूरे करने से किसने रोका है?

□

कभी-कभी आप अजीब कारणों से भी अच्छे कर्मचारी खो देते हैं

ग्रेस पोलिकार्ब मलाइका अरोड़ा खान की आंटी हैं। वे बनापुरा स्कूल की पहली प्रिंसिपल थीं, जो हरदा और इटारसी के बीच छोटा सा कस्बा है। यह कस्बा मध्य प्रदेश के सिवनी-मालवा क्षेत्र में है। उनकी उम्र इस समय करीब 70 साल है। उन्हें अपने अनुशासन और कुशल योजनाकार एवं संगठक के रूप में जाना जाता है। वे बॉलीवुड परिवार से जुड़ी हुई हैं। उनके स्टाइल और फैशन ने शहर को काफी कुछ दिया है।

इन सब के अलावा कुछ अन्य कारणों से पराली फिलिप ने उनके स्कूल के प्रिंसिपल पद के लिए इंटरव्यू के बुलावे को स्वीकार कर लिया था। फिलिप मुंबई के चेंबूर में बहुत ही अच्छी शिक्षिका होने के साथ ही प्रिंसिपल भी हैं। वे जरूरतमंद बच्चों को अच्छी शिक्षा देने के लिए कहीं भी जाने को तैयार हैं, लेकिन उनकी एक शर्त है कि उस स्थान से मुंबई एक रात में पहुँचा जा सके।

उन्हें बताया गया कि बनापुरा फिरोजपुर-मुंबई पंजाब मेल से जुड़ा हुआ है। यह ट्रेन मुंबई की 874 किलोमीटर की दूरी को 11 घंटों में पूरी कर लेती है। दोनों ही तरफ से एक रात में आया-जाया जा सकता है। प्रतिदिन चलनेवाली ट्रेन मुंबई से शाम को 7.40 बजे चलती है और सुबह 6.40 बजे बनापुरा पहुँचा देती है, जबकि बनापुरा से शाम 7.10 बजे चलती है और मुंबई सुबह साढ़े छह बजे पहुँचा देती है।

उन्होंने उस स्थान को व्यक्तिगत रूप से देखने और स्कूल मैनेजमेंट के सदस्यों से चर्चा के लिए वहाँ जाने का निर्णय लिया। उन्होंने इंटरव्यू दिया। पराली और मैनेजमेंट ने एक-दूसरे को पसंद किया। बातचीत के बाद तय हो गया था कि वे स्कूल से जुड़ जाएँगी।

वे हमेशा कहती हैं कि अच्छे उन स्थानों पर नहीं जाते हैं, जहाँ उनकी सबसे ज्यादा जरूरत होती है। इन दूरस्थ ग्रामीण इलाकों में मेट्रो की सुविधा नहीं होती है, लेकिन प्रिंसिपल ग्रेस और फिलिप जैसों की बात दूसरी है।

इंटरव्यू देने के बाद वे उसी दिन पंजाब मेल से वापस लौट रही थीं। उन्हें बताया गया कि उस दिन ट्रेन दो घंटे देरी से चल रही है। मैनेजमेंट के सदस्यों ने बताया कि यह ट्रेन कभी-कभार ही देरी से चलती है। इस पर फिलिप ने लंच के बाद स्टेशन जाना तय किया। उन्होंने जोर दिया कि वे रात 9 बजे के बाद होटल लौटने या किसी के घर जाने की बजाय स्टेशन पर रुकना पसंद करेंगी।

वे स्टेशन पर पहुँची। कुछ लोग उन्हें छोड़ने आए थे। वे स्टेशन मास्टर से मिलीं और उनसे पूछा कि ट्रेन कितनी लेट है। स्टेशन मास्टर ने बताया कि ट्रेन करीब तीन घंटे देरी से आएगी, लेकिन वह नहीं जानता है कि इससे ज्यादा समय भी ट्रेन को आने में लग सकता है। फिलिप ने पूछा, क्या ट्रेन अकसर इसी तरह से देरी से आती है? स्टेशन मास्टर ने कहा, मैं कैसे इस विषय में बता सकता हूँ। मेरा काम ट्रेन के समय या देरी पर आने की सूचना देना है। मैं आपको ट्रेन की पुरानी जानकारी नहीं दे सकता हूँ, क्योंकि न तो मैं सांख्यिकी का विद्वान् हूँ और न ही रिकॉर्ड रखनेवाला लायब्रेरियन।

स्टेशन मास्टर के गैर जिम्मेदाराना रवैए से आहत फिलिप प्लेटफॉर्म पर चली आईं। ट्रेन रात एक बजे आई। इन चार घंटों के दौरान ट्रेन के संबंध में कोई घोषणा भी नहीं की गई। रेलवे के गैर-जिम्मेदाराना रवैए का उन्होंने अनुमान लगाया कि ट्रेन अकसर लेट आती है। उन्होंने स्कूल में प्रिंसिपल का पद स्वीकार न करने का निर्णय किया, लेकिन इस वजह से एक स्कूल ने एक अच्छे कर्मचारी को खो दिया, जिसमें उसका कोई दोष नहीं था।

फंडा यह है कि कभी-कभी कुछ अजीब कारणों की वजह से अच्छे कर्मचारी दरवाजे पर आकर भी काम छोड़कर चले जाते हैं, यानी नए कर्मचारियों को अच्छा वातावरण देने का प्रयास किया जाना चाहिए।

□

सहयोग बनाता है बच्चे को नायक या खलनायक

यह कहानी दो बच्चों की है। इन बच्चों की उम्र 12 वर्ष थी। दोनों की कल्पनाओं में, इच्छाओं में निशानेबाजी तैरती थी। कुछ वक्त बाद एक अपनी जिंदगी को नायक की तरह जीने में कामयाब रहा। उसे गरीबी के बावजूद परिवार का सहयोग मिला, जबकि दूसरे के पास कोई सहयोग नहीं था। सही वक्त पर, सही व्यक्ति से मुलाकात होने के बावजूद वह खलनायक बन गया।

नायक की कहानी—मध्य प्रदेश के मऊ में एक गाँव है हरसोला। आर्मी फायरिंग रेंज के पास रहनेवाली यहाँ की एक लड़की वैसे तो आम लड़कियों की तरह ही थी। उसके पिता की आमदनी का जरिया ऑटो रिक्शा था। फायरिंग रेंज में गूँजनेवाली गोलियों की तड़तड़ाहट इस लड़की को बड़ा आकर्षित करती थी। उसकी कल्पनाओं में राइफल और उससे निकलती गोलियाँ ही तैरा करती थीं, लेकिन इस लड़की के लिए वहाँ तक पहुँचना आसान नहीं था। बेटी की इच्छा जानकर पिता ने उसके लिए रास्ता तैयार किया। जब वह सातवीं क्लास में थी, तब उसे एक समर कैंप में हिस्सा लेने का मौका मिला। यह कैंप सेना के बच्चों की टीम के लिए आयोजित किया गया था। कैंप में लगाए अचूक निशानों ने इस लड़की को जूनियर शूटिंग टीम में पहुँचा दिया। यहाँ उसे अपने हुनर को निखारने के लिए एक हफ्ते की ट्रेनिंग मिली। यह कहानी है अपने जूनून को जिंदा रखनेवाली निशानेबाज राजकुमारी राठौड़ की। बीते साल अगस्त में राजकुमारी को अर्जुन अवार्ड से सम्मानित किया गया। यह अवॉर्ड सिर्फ खेल नहीं, बल्कि खिलाड़ी की लीडरशिप, स्पोर्ट्समैन स्प्रिट और अनुशासन जैसी विशेषताओं के लिए दिया जाता है। राठौड़ मप्र की एकमात्र एकेडमी प्लेयर हैं, जिन्हें यह अवॉर्ड मिला है।

खलनायक की कहानी—उसका असली नाम था अहमद सिद्दीबापा। अहमद का जन्म 15 जनवरी, 1983 में हुआ था। उत्तरी कर्नाटक के भटकल कस्बे में सिद्दीबापा ने 10वीं तक की पढ़ाई की। सातवीं कक्षा में उसकी उम्र 12 साल थी। इस दौरान उसकी मुलाकात एडिशनल असिस्टेंट पुलिस सुपरिंटेंडेंट से हुई। अहमद ने उस पुलिस अधिकारी से इच्छा जताई कि वो भी पुलिस अधिकारी बनना चाहता है। उस पुलिस अधिकारी ने बच्चे की इच्छा को उस वक्त जरा भी महत्त्व नहीं दिया। घटना के 18 साल बाद वह पुलिस अधिकारी कर्नाटक कैडर में आईजीपी रैंक तक पहुँचा। दूसरी तरफ वही बच्चा 18 साल बाद नवंबर 2005 में देश के सबसे मोस्ट वाटेंड आतंकी के तौर पर उभरा। साल 2005 में अहमद ने अपने घरवालों से कहा कि वह दुबई जा रहा है। उसके बाद से ही वह आतंकी गतिविधियों में शामिल हो गया। उसने कई बार अपने नाम भी बदले। जिनमें शाहरुख खान, यासीन अहमद, इमरान और आसिफ जैसे नाम शामिल हैं। यहाँ बात हो रही है इंडियन मुजाहिद्दीन के सरगना की। जिसे दुनिया यासीन भटकल के नाम से ज्यादा जानती है।

बीते हफ्ते यासीन ने पूछताछ के दौरान एक पुलिस अधिकारी को बेहद विचलित कर दिया। तब के एएसपी और आज के पुलिस महानिरीक्षक से भटकल ने कहा कि सर, क्या आपने मुझे पहचाना? मैं आपसे भटकल के एक जिम में मिला था। आप एएसपी थे। मैं तब 12 साल का था। मैंने आपसे पुलिस अधिकारी बनने की इच्छा जताई थी, तब आपने मेरी मदद करने से इनकार कर दिया था। कई आतंकी हमलों के आरोपी और लंबे अरसे तक पुलिस जाँच एजेंसियों की नाक में दम करनेवाले यासीन भटकल और उसके भाई रियाज भटकल की कहानी आज हर कोई जानता है।

फंडा यह है कि एक बच्चे के अपने ख्वाब होते हैं। यह उसको मिलनेवाले सहयोग पर निर्भर करता है कि वह अपने क्षेत्र में नायक बनेगा या खलनायक।

□

भीड़ प्रबंधन की तकनीक ही भविष्य है

झारखंड के राँची में बिशप वेस्टकॉट गर्ल्स स्कूल में छठी कक्षा की स्टूडेंट है देविका। वह डांस क्लास के बाद जब तक स्कूल से घर लौटती है, उससे पहले ही उसकी माँ हेमा उसके बारे में पूरे दिन की जानकारी ले चुकी होती है। स्कूल में सभी आठ पीरियड में क्या पढ़ाया गया। इसके अलावा स्कूल में और क्या कुछ हुआ। माता-पिता को पता चलता है कि इतिहास के टीचर ने क्या पढ़ाया? होमवर्क क्या दिया? अगले दिन क्या पढ़ाया जा सकता है। इसी तरह की जानकारी मैथ, कैमिस्ट्री व अन्य विषयों के टीचर्स से भी मिलती है। जी, सीधे टीचर्स से माता-पिता को।

दरअसल, स्कूल में हर बच्चे के माता-पिता का मोबाइल नंबर रजिस्टर है। उस पर स्कूल की ओर से रोज इस तरह की जानकारियाँ पैरेंट्स तक पहुँचाई जाती हैं। कैसे होता है यह सब? इसके लिए सभी मोबाइल नंबरों को टीचर, क्लास और डिवीजन (सेक्शन) के हिसाब से अलग-अलग बाँटा गया है। इन नंबरों पर वॉइस मैसेज छोड़ने की व्यवस्था है। हर टीचर कक्षा में 40-50 मिनट का लैक्चर देने के बाद स्टाफ-रूम पहुँचता है। वहाँ एक मिनट के भीतर संक्षेप में अपने लैक्चर के बारे में इन नंबरों पर संदेश रिकॉर्ड करता है। सभी विषयों के टीचर यही करते हैं।

जब सबके संदेश रिकॉर्ड हो जाते हैं तो सर्वर उन्हें पैरेंट्स के नंबरों पर एक ग्रुप की तरह डिलीवर कर देता है, यानी कक्षा-6 के सेक्शन-ए में अगर 60 स्टूडेंट्स हैं तो उनके ग्रुप को अलग। इसी तरह बाकी अन्य कक्षाओं के स्टूडेंट्स के समूहों को अलग-अलग। इन संदेशों की डिलीवरी से पहले स्कूल मैनेजमेंट इन्हें सुन भी सकता है। अगर उनमें कहीं-कोई गड़बड़ी रहती है, उसमें सुधार भी कर सकता है। जब मैनेजमेंट की ओर से ओके सिग्नल मिल जाता है, तभी वॉइस मैसेजेस की डिलीवरी होती है। सर्वर के जरिए हर माता-पिता के नंबर पर कॉल पहुँचती है।

कॉल अटेंड करते ही सभी टीचर्स के मैसेज एक-एक कर उन्हें सुनाई देने लगते हैं। अगर कोई माता-पिता व्यस्त हैं और वे उस वक्त कॉल अटेंड नहीं कर पा रहे हैं तो सर्वर उनके नंबरों पर एक निश्चित समय बाद फिर कॉल करता है। पैरेंट्स भी चाहें तो स्कूल के सर्वर के निर्धारित नंबर पर मिस कॉल दे सकते हैं। ऐसा करते ही उनके नंबर पर कॉल आ जाता है और पूरी जानकारी उन्हें मिल जाती है। अधिकृत टीचर्स के अलावा कोई और इन नंबरों पर अपने मैसेज रिकॉर्ड नहीं कर सकता। सर्वर नंबर के अलावा पैरेंट्स के नंबरों पर कोई अन्य कॉल भी नहीं कर सकता।

व्यवस्था ऐसी की गई है कि अधिकृत लोगों के अलावा सर्वर किसी और की आवाज को रिकॉर्ड ही नहीं करता। पैरेंट्स को भी यह सुविधा है कि वे जितनी बार चाहें, टीचर्स के संदेशों को सुन सकते हैं। इसी तरह स्कूल के प्रिंसिपल और प्रशासन को यह सुविधा है कि वे जान सकें कि कितने पैरेंट्स ने भिजवाए गए संदेशों को सुना। कब-कब और कितनी बार।...माता-पिता को अकसर यह पता नहीं चल पाता कि स्कूल में क्या हुआ और क्या नहीं। बच्चों को दिए गए संदेश अकसर वे भूल जाते हैं। नोटिस वगैरह के भी खोने, फटने या भूल जाने का खतरा होता है।

ऐसे में स्कूल के टीचर्स, प्रशासन और बच्चों के माता-पिता के बीच कम्युनिकेशन-गैप बन जाता है। इससे कई दूसरी गड़बड़ियाँ उपजती हैं। इस समस्या को ध्यान में रखते हुए चेन्नई की 14 साल पुरानी कंपनी वॉइस स्नैप इस तकनीक के जरिए यह समाधान लेकर आई है। इसने पारंपरिक ग्रुप कम्युनिकेशन को मोबाइल पर पहुँचनेवाले वॉइस कॉल मैसेज की व्यवस्था में बदल दिया है। इस तकनीक की खासियत यह है कि इसमें पैरेंट्स या बच्चों के नामों का उल्लेख नहीं होता। भारत के 82 स्कूलों के साथ ही अमेरिका, अफ्रीका और संयुक्त अरब अमीरात के स्कूलों में भी इस तकनीक का बखूबी इस्तेमाल हो रहा है।

फंडा यह है कि तकनीक ऐसी होनी चाहिए, जो समस्याओं का समाधान पेश करे। झारखंड के स्कूल में इस्तेमाल की जा रही तकनीक का जो उदाहरण यहाँ बताया गया है, वह ऐसी है। भविष्य की तकनीक।

□

भविष्य में इनोवेटिव कोर्सेज दिलाएँगे हाई प्रोफाइल नौकरियाँ

विक्रम राव से अगर आप पूछें कि भविष्य की क्या योजना है? तो इसका जवाब आपको हैरत में डाल देगा। क्योंकि विक्रम का उत्तर होगा, ''नक्सल रिहैबिलिटेशन''। सिर्फ विक्रम ही नहीं, उनके जैसे सैकड़ों छात्र इस तरह के इनोवेटिव कोर्स का हिस्सा बनने जा रहे हैं। विक्रम को जानकारी मिली कि सरकार सरेंडर कर चुके नक्सलियों और आतंकियों को समाज की मुख्यधारा से जोड़ने के लिए काउंसलरों की तलाश कर रही है। जो इन लोगों से बात कर सकें, लेकिन किसी को यह नहीं मालूम है कि इस तरह की खास विशेषज्ञतावाले काउंसलरों को कैसे ढूँढ़ा जाए। यही कारण है कि मल्टीनेशनल कंपनी में नौकरी कर रहे विक्रम ने बैंगलोर यूनिवर्सिटी द्वारा शुरू होनेवाले इस पोस्ट ग्रेजुएट कोर्स में एडमिशन लेने की योजना बनाई है।

बैंगलोर यूनिवर्सिटी देश में इस तरह का पहला कोर्स 'नक्सल रिहैबिलिटेशन ऐंड मैनेजमेंट' शुरू करने जा रही है। अगस्त 2014 से शुरू होनेवाले इस कोर्स के जरिए छात्रों को नक्सलियों और आतंकियों की मानसिकता को व्यवस्थित ढंग से समझने का मौका मिलेगा, साथ ही सरेंडर कर चुके लोगों के पुनर्वास में आनेवाली चुनौतियों के बारे में भी जानकारी मिलेगी। कोर्स का खाका सरेंडर कर चुके ऐसे ही लोगों के अनुभवों से तैयार किया गया है। इसमें हिंसा का रास्ता छोड़ने के बाद उन्हें समाज से वापस जुड़ने, नौकरी ढूँढ़ने, परिवार शुरू करने में आनेवाले अनुभव शामिल हैं। इस कोर्स का पूरे देश पर असर होगा। क्योंकि अभी तक ऐसा कोर्स कहीं भी और किसी भी यूनिवर्सिटी में मौजूद नहीं है। बैंगलुरु यूनिवर्सिटी की योजना एक रिहैबिलिटेशन सेंटर खोलने की भी है। कोर्स के लिए कर्नाटक, आंध्र

प्रदेश, झारखंड, महाराष्ट्र और ओडिशा के छात्रों ने काफी दिलचस्पी दिखाई है। ये राज्य नक्सल समस्या से सबसे ज्यादा प्रभावित हैं। इन राज्यों में हथियार डाल चुके लोगों की संख्या भी काफी ज्यादा है, जो समाज की मुख्यधारा से जुड़ना चाहते हैं। देश में कश्मीर से कन्याकुमारी और इंफाल से दँतेवाड़ा तक कई नक्सली एवं आतंकी हैं, जो सरेंडर कर रहे हैं। ऐसे में यह कोर्स उन राज्यों के लिए काफी मददगार साबित होगा, जो सरेंडर कर चुके नक्सलियों और आतंकियों के पुनर्वास के लिए काम कर रहे हैं। कोर्स से पास-आउट हुए छात्र भी इस कोर्स के जरिए सैकड़ों लोगों की जिंदगी में बदलाव लाने में एक अहम भूमिका निभाएँगे।

दिलचस्प बात यह है कि सिंगापुर यूनिवर्सिटी भीड़ प्रबंधन, कचरा प्रबंधन और साफ-सफाई प्रबंधन जैसे कोर्स चलाती है। जबकि वहाँ इस तरह की कोई समस्या नहीं है। इस तरह के कोर्स से पास-आउट हुए छात्रों को विदेशों में ऊँची नौकरियाँ भी दी जाती हैं।

फंडा यह है कि अब ऐसे इनोवेटिव कोर्सों से जुडने का समय आ गया है, जो भविष्य में ऊँची नौकरियाँ तो दिलाएँगे ही, साथ ही कई वैश्विक समस्याओं के समाधान निकालने में भी अहम् भूमिका निभाएँगे।

□

किसी विषय को बेहतर तरीके से जानना चाहते हैं तो निबंध लिखिए

अगर आपसे कोई बाँस पर निबंध लिखने को कहे और आप इस चुनौती को स्वीकार करने को तैयार हैं तो यह आर्टिकल न पढ़ें। इसकी बजाय पहले अपने विचारों पर आधारित निबंध लिख डालें। फिर इसे पढ़ें। इसके बाद तुलना करें।

बाँस विकास का वाहन हो सकता है, क्योंकि हरा-भरा रहना व दृढ़ता इसकी खासियत है। कहा जाता है कि बाँस की एक नाल से ही इतनी ऑक्सीजन पैदा होती है, जितनी किसी को जिंदगी भर काम आ सकती है। दुनियाभर में बाँस की करीब 1,750 प्रजातियाँ बताई जाती हैं। आज भी विश्व की आबादी का पाँचवाँ हिस्सा बाँस का इस्तेमाल कंस्ट्रक्शन के काम में करता है। पूरी दुनिया में 2015 तक बाँस का बाजार एक लाख करोड़ का हो जाएगा, ऐसा अनुमान है। भारत दुनिया में बाँस का दूसरा सबसे बड़ा उत्पादक देश है। चीन का नंबर पहला है। हालाँकि भारत के कुल वन क्षेत्र में बाँस की हिस्सेदारी 12.8 फीसदी है, लेकिन कंस्ट्रक्शन इंडस्ट्री में इसका हिस्सा कितना है, इसका अभी ठीक-ठीक पता लगाया गया है। बाँस के इस्तेमाल से बने मकान कितने मजबूत होते हैं, इसका अंदाजा टीपू सुल्तान के किले के आस-पास मौजूद मकानों से लग सकता है। आज 75 साल बाद भी इनकी मजबूती पर कोई सवाल नहीं है।

देश में सबसे ज्यादा बाँस उत्तर-पूर्व में होता है, करीब 28 फीसदी। इसके बाद मध्य प्रदेश का नंबर आता है। यहाँ करीब 20 फीसदी बाँस का उत्पादन होता है। भारत में बाँस की लगभग 175 किस्में मौजूद हैं और बाँस का काम करनेवालों में मेंढर समुदाय को सबसे बेहतर माना जाता है। असम में आज से 100 वर्ष पहले तो मकान बाँस से ही बनाए जाते थे। विशेषज्ञों को आज भी लगता है कि बाँस

मकान बनाने के लिए कंक्रीट का बढ़िया विकल्प हो सकता है। इससे मकान-निर्माण की लागत 40 फीसदी तक कम हो सकती है। अभी मकानों के निर्माण में स्टील और लकड़ी का इस्तेमाल काफी होता है। बाँस को विकल्प के तौर पर उपयोग करने से इन दोनों चीजों का इस्तेमाल 70 फीसदी तक कम हो सकता है। कंस्ट्रक्शन में उपयोग के लिए बाँस तैयार होने में महज चार साल लगते हैं। यह एकदम रेडी टू यूज होता है। अभी बाँस को वन उत्पाद माना जाता है। अगर केंद्र सरकार हरी झंडी दे तो किसान इसे खेतों में भी उगा सकते हैं।

ऐसा हुआ तो मकान-निर्माण उद्योग को अच्छी मात्रा में एक मटेरियल मिल सकेगा। दुनिया के कई देशों ने इस बात को स्वीकार किया है कि आनेवाली पीढ़ी के लिहाज से बाँस ग्रीनेस्ट मटेरियल है, यानी इसके उपयोग से पर्यावरण को कोई नुकसान नहीं होता। बाँस बेहद हलका होता है और सुरक्षित भी। ऐसी जगहों पर जहाँ भूकंप आने का खतरा होता है, वहाँ के लिए भी इसे सुरक्षित माना जाता है। बाँस को दीवारों, बीम, कॉलम, दरवाजों, खिड़कियों और फर्नीचर आदि में इस्तेमाल किया जा रहा है। यहाँ तक कि विंड एनर्जी के उत्पादन में इस्तेमाल होनेवाले पंखों की ब्लेड भी बाँस से बनाई जा रही है। करीब 2,500 किस्म की चीजों में बाँस का इस्तेमाल होता है। बाँस के मुद्दों पर विचार के लिए भारत में कई संस्थाएँ हैं। इनमें बैंबू सोसाइटी ऑफ इंडिया, इंस्टीट्यूट ऑफ वुड साइंस ऐंड टेक्नोलॉजी, नेशनल बैंबू मिशन और इंडियन प्लाइवुड इंडस्ट्रीज रिसर्च ऐंड ट्रेनिंग इंस्टीट्यूट प्रमुख हैं। ये संस्थाएँ लगातार कोशिश में हैं, समाज में इस मुद्दे पर जागरूकता लाने के लिए। इन्हीं कोशिशों के तहत भारत में हाल ही में इंटरनेशनल बैंबू कॉनक्लेव ऐंड एक्सपो-2014 का आयोजन हुआ है।

फंडा यह है कि कोई भी, किसी भी विषय पर दूसरे से बेहतर जान सकता है! जरूरत है सिर्फ उस विषय पर पूरा ध्यान लगाने की, थोड़ी रिसर्च करने की, जिससे आपको इतना मैटेरियल मिल जाए कि आप उस विषय पर निबंध लिख सकें।

□

उपलब्धियों से कोई लेना-देना नहीं, शिक्षा और ताकत का

पहली कहानी—चेन्नई में रहनेवाला 18 साल का लड़का वेंकटेश पढ़ाई में बेहद कमजोर है। टीचर्स, माता-पिता और उसके जाननेवाले हमेशा उसकी इसके लिए आलोचना करते रहते हैं। ऐसे में अपना ज्यादातर वक्त वह स्कूल की बजाय मरीना बीच पर बिताने लगा। अमरीका में फ्लोरिडा के बाद दुनिया का दूसरा सबसे लंबा समुद्रतट, मरीना बीच है। यह बेहद खतरनाक समुद्रतट है, क्योंकि यहाँ किनारे पर लहरें काफी रौद्र रूप में होती हैं। इस समुद्रतट पर गोताखोर (डूबनेवालों को बचाने के लिए) की भूमिका निभाने के लिए कोई आसानी से तैयार नहीं होता। ऐसी जगह पर वेंकटेश अनाधिकृत रूप से गोताखोर की भूमिका निभाने लगा।

उसे तैरना पसंद है। हिम्मती भी खूब है। वेंकटेश ने इस तट पर कई लोगों की जिंदगियाँ बचाईं। कई बार तो ऐसे मौकों पर भी जब अधिकृत गोताखोर समुद्र में जाने से कतरा रहे थे, वेंकटेश समुद्र की लहरों में घुस गया और डूबते व्यक्ति को मौत के मुँह से छीन लाया। इसी साल जब वह लोगों को बचाने के लिए समुद्र की लहरों से जूझ रहा था तो दूसरी तरफ स्कूल ने उसे एक सर्टिफिकेट थमा दिया। नौवीं कक्षा में ड्रॉप आउट, यानी स्कूल छोड़नेवाले बच्चे का सर्टिफिकेट। उसे चिंता हुई, लेकिन अब वह और ज्यादा वक्त समुद्रतट पर बिताने लगा। ज्यादा-से-ज्यादा लोगों को बचाने के लिए वह समुद्र में जाने लगा। यह सब करते हुए अब तक वह इतना एक्सपर्ट हो चुका है कि पानी का रंग

देखकर बता देता है कि समुद्र में कहाँ-कितनी गहराई है। तीन साल से वेंकटेश यही काम कर रहा है। तटीय पुलिस भी उसकी मदद लेती है। उसने कितने लोगों को बचाया, इसकी उसे गिनती तक याद नहीं है। हालाँकि पुलिस बताती है कि यह आँकड़ा 100 से ऊपर पहुँच चुका है। कई बार तो उसने विशेषज्ञ तैराकों को भी डूबने से बचाया है। पुलिस की वह हर तरीके से मदद करता है। पुलिस भी उसे आधिकारिक गोताखोर ही मानने लगी है। वह सिर्फ 18 साल का है। ऑडियो रिपेयरिंग का काम करके आजीविका चलाता है, लेकिन उसका ज्यादातर वक्त समुद्रतट पर ही गुजरता है। उसे हर काम के एवज में पुलिस की ओर से इनाम दिया जाता है। तारीफ और काम का संतोष जो उसे मिलता है, वह अलग। इससे अब तक हुई उसकी आलोचनाओं का बोझ भी उसके मन से काफी हद तक कम हो चुका है।

दूसरी कहानी—बी. कारीगौड़ा 63 साल के हैं। पुणे में रहते हैं। कई प्रोजेक्ट पर काम करने के एस्कॉर्ट कंपनी से रिटायर हुए। नए प्रोजेक्ट के सिलसिले में अकसर यह होता है कि आपको कई दफ्तरों के चक्कर लगाने पड़ते हैं। लाइसेंस और अन्य प्रकार की अनुमतियाँ हासिल करने के लिए। इस लिहाज से कारीगौड़ा इन सब चीजों में अब एक्सपर्ट हो चुके हैं। प्रोजेक्ट पर काम करनेवाले लोग बुलडोजर की तरह होते हैं। वे कहीं भी जाकर अपना काम कराने में माहिर हो जाते हैं। ऐसा ही कुछ कारीगौड़ा के बारे में समझ सकते हैं। इसकी ताजा मिसाल है। पुणे के कोडिगेहल्ली पुलिस स्टेशन का स्टाफ सालों से जो काम नहीं कर पा रहा था, उसे उन्होंने कर दिखाया। मामला पुलिस स्टेशन की बिल्डिंग के लिए जमीन हासिल करने से जुड़ा हुआ था। पुलिस अफसरों समेत, थाने से जुड़े स्टाफ के लोग अपनी ही सरकार के दफ्तरों से जमीन के लिए चक्कर-पर-चक्कर काट रहे थे लेकिन जमीन उन्हें मिल नहीं रही थी। तब कारीगौड़ा ने जिम्मेदारी अपने ऊपर ली और किसी को यकीन नहीं होगा कि महज तीन महीनों के भीतर उन्होंने पुलिस स्टेशन के लिए जमीन सैंक्शन करा ली। इसके लिए उन्होंने किया क्या? हर सप्ताह तहसीलदार और राजस्व विभाग के दफ्तरों में जाते रहे। नियमित रूप से यह देखते रहे कि मामले से जुड़ी फाइल आगे बढ़ी या नहीं। एक जगह से जब फाइल बढ़ जाती और दूसरी

जगह पहुँचती तो वे वहाँ भी यही प्रक्रिया अपनाते और आखिरकार करीब 19,000 वर्ग फीट जमीन पुलिस को मिलनेवाली है। आनेवाली 26 जनवरी को जमीन के कागज कोडिगेहल्ली पुलिस स्टेशन को मिल जाएँगे।

फंडा यह है कि इसमें कोई शक नहीं कि शिक्षा से ज्ञान हासिल होता है। शक्ति भी हमारे लिए उतनी ही अहम् है, लेकिन वे लोग जिनके पास ज्ञान या शक्ति नहीं है, वे भी उपलब्धियाँ हासिल कर सकते हैं।

□

ज्ञान हासिल करें, फिर मोरचा खोलें

केस स्टडी—सुशील शुक्ला मध्य प्रदेश के इंदौर का स्टूडेंट है। कॉलेज में पढ़ता है। इस साल 31 दिसंबर और एक जनवरी की दरम्यानी रात वह और उसके कुछ दोस्त एक छात्रा को उसके घर छोड़ने गए। इससे पहले उन सभी ने पार्टी की थी। इसमें किसी ने शराब नहीं पी थी। जब ये बच्चे छात्रा को छोड़कर लौट रहे थे तो उनकी गाड़ी को चेकिंग के लिए रोक लिया गया। सुशील की हर तरह से तलाशी ली गई। उसका ड्राइविंग लाइसेंस चेक किया गया। उसके पास सभी कागज थे। सिर्फ इंश्योरेंस के पेपर नहीं थे। दरअसल, इंश्योरेंस कंपनी से नए कागज मिले ही नहीं थे।

मोबाइल पर इंश्योरेंस कंपनी ने एक एसएमएस भेजा था। इसमें बताया गया था कि गाड़ी की इंश्योरेंस-पॉलिसी रिन्यू हो चुकी है। दस्तावेज जल्द ही उसके घर के पते पर भेज दिए जाएँगे। इसमें पॉलिसी नंबर और तारीख भी बताई गई थी, लेकिन पुलिसवाले कहाँ मानने चले। उन्होंने सुशील और उसके दोस्तों को खूब बेइज्जत किया। छात्रों का दावा है कि मौके पर मौजूद सब इंस्पेक्टर ने उन्हें धमकी दी, गालियाँ दीं। साथ ही कहा, ''तुम पढ़े-लिखे गँवारों को मैं डंडे दूँगा तो सारी अकल ठिकाने आ जाएगी।'' अब इन छात्रों का मुद्दा यह है कि क्या उस सब इंस्पेक्टर को इस तरह किसी को बेइज्जत करने की छूट मिली हुई है?

उस दिन के बाद से ये सभी लड़के कई महत्त्वपूर्ण जगहों पर दस्तक दे चुके हैं। जिम्मेदार अधिकारियों को पत्र लिख रहे हैं। एक पत्र दैनिक भास्कर को भी लिखा गया। हालाँकि अब तक ये सभी इधर-उधर चक्कर ही लगा रहे हैं। उन्हें कोई नतीजा नहीं मिला है।

संभावित समाधान—सरकारी कर्मचारी खासकर, पुलिसवाले ड्यूटी के

वक्त आम आदमी से बात करते हुए इज्जत से पेश क्यों नहीं आते? क्या केंद्र और राज्य सरकारों ने अपने कर्मचारियों के लिए व्यवहार संबंधी कोई गाइडलाइंस तय की हैं। अगर हाँ तो वे क्या हैं? क्या सरकारी कर्मचारियों को आम जनता से अच्छे व्यवहार का प्रशिक्षण नहीं दिया गया है? क्या इस तरह का प्रशिक्षण उनकी ट्रेनिंग का हिस्सा है? ये सवाल छह जनवरी को इलाहाबाद हाईकोर्ट की लखनऊ बेंच ने पूछे हैं। कोर्ट ने केंद्र और राज्य सरकार से जवाब माँगा है। दो हफ्ते के अंदर सरकारों को हलफनामा देकर इन सवालों के जवाब देने हैं।

हाईकोर्ट में नैतिक पार्टी नामक दल ने याचिका लगाई है। संस्था ने कोर्ट को बताया कि उसने एक सर्वे किया है। इसमें सामने आया है कि सरकारी कर्मचारी खासकर पुलिसवाले आम जनता से अच्छा व्यवहार नहीं करते। संस्था के वकील सीबी पांडे के मुताबिक, संविधान में कहा गया है कि आम आदमी की गरिमा की रक्षा करना सरकार की जिम्मेदारी है। संविधान के अनुच्छेद 21 में कहा गया है कि सरकार नागरिकों को गरिमा और सम्मान पूर्ण जिंदगी जीने का अवसर उपलब्ध कराएगी, लेकिन संविधान के इस प्रावधान को पूरी तरह नजरअंदाज किया जा रहा है, बल्कि इसका हनन किया जा रहा है।

वे कहते हैं कि जब भी सरकारी कर्मचारी किसी विधायक या सांसद से बात करते हैं तो उनकी जुबान में नरमी होती है, लेकिन जब वे किसी आम आदमी खासकर गरीब या दलित से बात करते हैं तो उनका व्यवहार अशिष्ट हो जाता है। इस तरह आम और खास के बीच भेद किया जाता है और यहीं से संविधान की भावना का उल्लंघन होने लगता है। उसमें हर नागरिक को मिले समानता के अधिकार का हनन होने लगता है। हाईकोर्ट की बेंच ने इस मुद्दे को गंभीरता से लिया है। हालाँकि उसने नैतिक पार्टी की याचिका को मंजूर नहीं किया है। कोर्ट की दलील है कि इससे पार्टी राजनीतिक लाभ उठा सकती है।

इसके बावजूद कोर्ट ने खुद पहल करते हुए इस मामले में सरकारों को नोटिस जारी किया। वरिष्ठ वकील आईबी सिंह को कोर्ट ने न्याय मित्र भी नियुक्त किया है, ताकि मामले में उनसे सहयोग लिया जा सके। अब कुछ सवाल। हम में से कितने लोग जानते हैं कि संविधान हमारे मूल अधिकारों का संरक्षण करता है? कितने लोग मानते हैं कि उनके साथ सम्मानित व्यवहार किया जाना चाहिए? चाहे भले ही वह सरकारी कर्मचारी हो, पुलिसवाला या कोई और?

जब तक हम गलत साबित नहीं होते, उसे हमारे साथ बदसलूकी करने का अधिकार नहीं है? इन सवालों के जवाब कई लोगों के पास 'हाँ' में होंगे, लेकिन हो सकता है कि कुछ के पास 'न' में भी हों। तो फिर?

फंडा यह है कि अगर आप किसी घटनाक्रम से परेशान हैं। कहीं आपको दरकिनार किए जाने का एहसास हो रहा है तो विरोध करने से बेहतर है कि आप ज्ञान हासिल कीजिए, जानकारियाँ जुटाइए, फिर मोरचा खोलिए। जीत आपकी होगी।

□

जीवन में बदलाव के लिए शिक्षा को बढ़ावा देना जरूरी

अमित धोरे सिर्फ 13 साल का है। वह विमलाताई गरवारे पाठशाला में नौवीं कक्षा का छात्र है। यह स्कूल पुणे के डेक्कन में स्थित है, पर वह पढ़ाई में रुचि नहीं ले रहा, यहाँ तक कि उसने स्कूल जाना भी बंद कर दिया है। उसके स्कूल न जाने के पीछे सबसे बड़ा कारण है, उसे मिलनेवाली 100 रुपए की दिहाड़ी। यह राशि उसे रेस्टोरेंट में बरतन साफ करने के लिए मिलती है। यह रेस्टोरेंट पॉश इलाका डेक्कन जिमखाना में स्थित है। अमित को बड़ी सिडान कारें पसंद हैं। कई बार इन्हीं कारों से आनेवाले लोग उसे टिप भी दे देते हैं।

हफ्ते के आखिरी दिनों में तो वह 125 से 150 रुपए के बीच कमा लेता है। इससे उसके परिवार को काफी मदद मिलती है। उसका परिवार कुर्वे रोड स्थित लक्ष्मी नगर झुग्गी बस्ती में रहता है। अमित की माँ शोभा, कुछ घरों में काम करती है। 10 साल पहले वह अपने पति से अलग हो गई थी। तब से वह इसी तरह अपने बच्चों का पालन-पोषण कर रही है। शोभा कई बार अमित को स्कूल भेजने के लिए समझाती है, लेकिन अमित माँ की कड़ी मेहनत से प्रभावित है। वह उसकी मदद करने के लिए रेस्टोरेंट में काम करता है।

अपनी काबिलीयत और उम्र की फिक्र किए बिना वह रेस्टोरेंट में काम करने लगा। उसकी 100 से 150 रुपए के बीच की कमाई से घर की माली हालत में काफी सुधार आया है जबकि माँ उसे समझाती है कि घर और परिवार की जीवनशैली तभी बदलेगी, जब वह अपनी पढ़ाई पूरी करेगा, लेकिन यह समझाइश उसकी माँ की कड़ी मेहनत के आगे टिक नहीं पाती। अभी शोभा अपने बड़े बेटे से संघर्ष कर ही रही थी कि छोटे बेटे शैलेष ने भी स्कूल जाने से मना कर दिया। वह

भी अपने बड़े भाई की तरह परिवार की मदद करना चाहता है।

ऐसी कहानी हर शहर में मिल जाएगी, जबकि देश में शिक्षा का अधिकार (आरटीई) कानून लागू है। इसके तहत 6 से 14 साल की उम्र तक के बच्चों को अनिवार्य रूप से शिक्षा मिलनी चाहिए। सरकार ने आर्थिक रूप से कमजोर छात्रों के लिए स्कूलों में 25 फीसदी का कोटा भी रखा है। शुरुआत में कई स्कूलों ने उसकी माँ से संपर्क साधा कि वह अपने बच्चों को स्कूल भेजे, पर स्कूल प्रबंधन को जल्द ही एहसास हो गया कि शोभा का परिवार मुसीबत से गुजर रहा है। उन्होंने शोभा को समझाने में काफी मशक्कत की। पाँच महीने के प्रयास के बाद स्कूल टीचर दीप्ति टपले अमित को स्कूल लाने में सफल हुईं। इस दौरान दीप्ति अमित के घर कई बार गईं। उसके बाद शोभा, दोस्तों और पर्सनैलिटी एडवाइजर के समझाने के बाद अमित स्कूल जाने लगा। यह मामला करीब छह महीने पुराना है।

पिछले साल तक अमित अनियमित रूप से स्कूल जाता था, लेकिन काउंसलिंग के बाद अमित को शिक्षा का महत्त्व समझ में आया। इस साल जून से वह लगातार स्कूल जा रहा है। अपने सिलेबस पर ध्यान दे रहा है। उसने निर्णय किया है कि वह पढ़ाई करेगा और उसके बाद घर की स्थिति सुधारेगा।

फंडा यह है कि आरटीई सशक्त हथियार है—बच्चों को प्राथमिक शिक्षा की तरफ ले जाने का, लेकिन यह तभी संभव हो पाएगा, जब जमीनी स्तर पर बच्चों और उनके परिजनों की काउंसलिंग हो। आप भी अपने खाली समय का सदुपयोग बेहतर काउंसलर बनकर कर सकते हैं।

□

आपको अपने हक पता होने चाहिए

कोई इंश्योरेंस कंपनी जब किसी का बीमा करती है और प्रीमियम ले रही होती है तो उसका व्यवहार बहुत दोस्ताना होता है, लेकिन जब आप क्लेम लेने जाते हैं तो कंपनी के अफसरों का व्यवहार बदल जाता है। मेडिकल इंश्योरेंस के मामलों में हालत और खराब है। कंपनियाँ कई मौकों पर क्लेम का आधा भुगतान करने से मना ही कर देती हैं और हममें से ज्यादातर लोग उनकी बात को मान भी लेते हैं। बहुत कम लोग ऐसे होते हैं, जो बीमा कंपनियों की नाजायज तर्कों को मानने से इनकार करते हैं। उसके खिलाफ आवाज उठाते हैं और अपनी लड़ाई को किसी निष्कर्ष तक ले जाते हैं, यानी ये सबकुछ सहन कर लेनेवाले लोग नहीं होते। वे अपने अधिकार के लिए संघर्ष करते हैं, पैसे के लिए नहीं। एक बड़ी मेडिकल इंश्योरेंस का इस कड़वी सच्चाई से तब पाला पड़ा, जब एक बिजनेसमैन ने उसे कोर्ट में खींच लिया। बेंगलुरु के एसएस पद्मराज 25 साल से सालाना यूनाइटेड इंडिया इंश्योरेंस से मेडिकल बीमा कवर ले रहे थे, लेकिन उन्होंने जब जरूरत पड़ने पर क्लेम माँगा तो कंपनी ने इनकार कर दिया, जबकि रकम भी कोई बड़ी नहीं थी। सिर्फ 4,814 रुपए और क्लेम भी पहली बार माँगा गया था।

पद्मराज इस मामले को उपभोक्ता फोरम में ले गए और वहाँ से उनके हक में फैसला आया। उन्होंने जितना मुआवजा माँगा था कंज्यूमर कोर्ट ने उसका लगभग दोगुना (11,814 रुपए) जुर्माना कंपनी पर लगाया। यही नहीं, दो महीने के भीतर पीड़ित को मुआवजे की रकम अदा करने का आदेश भी दिया। पद्मराज मूल रूप से मैसूर के निवासी हैं। उन्होंने अपने साथ ही पत्नी और बेटी का भी बीमा कवर ले रखा था। हर पॉलिसी के लिए वे सालाना करीब 13,000 रुपए प्रीमियम अदा कर रहे थे। हर साल पॉलिसी रिन्यू कराना और हमेशा समय पर प्रीमियम का भुगतान करना उनकी प्राथमिकताओं में था। जुलाई 2012 में उनकी पत्नी की

हिस्टेरिक्टॉमी सर्जरी (गर्भाशय का ऑपरेशन) हुई। बीमा पॉलिसी में यह बीमारी कवर थी। ऑपरेशन के बाद अस्पताल का बिल बना 48,814 रुपए।

इंश्योरेंस कंपनी ने मामले को देखने के लिए थर्ड पार्टी एडमिनिस्ट्रेटर (टीपीए) नियुक्त किया। टीपीए ने पद्मराज की जानकारी के बिना ही अस्पताल से बातचीत कर 44,000 रुपए का भुगतान कर पल्ला झाड़ लिया। जब पद्मराज की पत्नी को डिस्चार्ज करने की बारी आई तो अस्पताल ने उनसे बिल की बाकी बची रकम (4,841 रुपए) माँगी। पद्मराज ने इस संबंध में टीपीए और बीमा कंपनी से संपर्क किया। उनसे बाकी रकम भी अदा करने को कहा, लेकिन दोनों ने इस पर ध्यान ही नहीं दिया। पद्मराज ने लेकिन हार नहीं मानी। टीपीए और बीमा कंपनी से लगातार पत्र व्यवहार किया, परंतु कोई जवाब नहीं मिला। यहाँ तक कि कंपनी ने यह तक लिखने की जहमत नहीं उठाई कि बाकी की रकम अदा नहीं की जाएगी। पद्मराज ने जब कानूनी काररवाई करने की बात कही तो कंपनी ने ताना मारा कि आप 4,841 रुपए हासिल करने के लिए करीब 10,000 रुपए खर्च कर देंगे। कंपनी के अधिकारियों ने उनकी खिल्ली उड़ाई। इसके बाद उन्होंने कानूनी नोटिस भेजा, लेकिन कंपनी का रवैया देखिए। उसने इसका भी जवाब नहीं दिया। आखिरकार उन्होंने मैसूर के उपभोक्ता फोरम में मामला दायर कर दिया।

फोरम ने सुनवाई के दौरान माना कि बीमा कंपनी ने गलती की। इस महीने की शुरुआत में अपने फैसले में फोरम ने कंपनी को आदेश दिया कि वह दो महीने में पीड़ित को मुआवजे की रकम अदा करे। फोरम ने 11,814 रुपए मुआवजा तय किया। इसमें 4,814 रुपए क्लेम की मूल रकम, 2,000 रुपए फाइन और 5,000 रुपए पीड़ित को हुई परेशानी के एवज में देने की बात थी।

फंडा यह है कि अपने अधिकारों के प्रति अगर आप पूरी तरह सजग हैं तो आपको इंटेलीजेंट उपभोक्ता कहा जाएगा। कंपनियाँ भी ऐसे लोगों के साथ व्यवहार करने में सजग रहती हैं और उन्हें हलके में नहीं लेतीं, यानी अपने हक के प्रति अगर आपकी जानकारी पक्की है तो कोई आपको यूँ ही ठग नहीं सकता।

□

अच्छी शुरुआत का मतलब आधा काम पूरा

गुजरात में वड़ोदरा के सामा में सौ से ज्यादा मजदूर एक स्टेडियम के निर्माण में जुटे हुए हैं। वे रोज तड़के अपना काम शुरू करते और करीब सवा नौ बजे एक ब्रेक लेते हैं, जबकि कुछ कर्मचारी काम के दौरान कोई ब्रेक नहीं लेते। उनके साथी कर्मचारी उस दौरान शांत बने रहते हैं, ताकि उनके काम में किसी तरह की बाधा खड़ी न हो। स्टेडियम के पास के एक स्कूल में साढ़े नौ बजे बच्चे प्रार्थना करते हैं। इस दौरान कुछ कर्मचारियों के चेहरों पर मुसकराहट फैल जाती है तो कुछ इस प्रार्थना को ध्यान से सुनते हैं। वहीं स्टेडियम के अंदर काम कर रहे कुछ कर्मचारी एक-दूसरे को देखकर मुसकराते हैं। उनकी इस मुसकराहट का मतलब होता है कि उनके बच्चे, जो स्कूल में प्रार्थना कर रहे हैं, वे आनेवाले समय में कुछ बनकर दिखाएँगे। ऐसे में बच्चों को उनकी तरह खटकर काम करने की जरूरत नहीं पड़ेगी।

मजेदार बात यह है कि इस स्कूल में कुछ बच्चे जो बुंदेलखंड और झाँसी के आस-पास सहरिया आदिवासी इलाके के रहनेवाले हैं, अपनी भाषा में प्रार्थना करते हैं। स्पोर्ट्स कॉम्प्लेक्स को बना रहे मजदूरों ने स्कूल और उनके शिक्षकों को आश्वासन दिया है कि बच्चों के क्लास में पढ़ाई के समय वे स्कूल में शोर नहीं करेंगे। हर दिन 9.40 बजे तक सभी बच्चे स्कूल ड्रेस में अपनी-अपनी क्लासों में चले जाते हैं। उन बच्चों और अन्य स्कूल के बच्चों में केवल इतना ही अंतर है कि इन्हें स्कूल तक आने के लिए कोई यात्रा नहीं करनी पड़ती है, क्योंकि स्कूल उनके पास ही है, जहाँ स्टेडियम का निर्माण हो रहा है। ये बच्चे किताबों के अलावा अपने छोटे-छोटे भाई-बहनों को भी स्कूल लाते हैं, क्योंकि वे उनसे अलग नहीं रह सकते। स्कूल में बच्चे अल्फाबेट और नंबर की पहचान सीखते हैं, जबकि छोटे भाई-बहन खिलौनों से खेलते हैं।

स्टेडियम बनाने में लगे मजदूरों के ये बच्चे चलती-फिरती पाठशाला (मोबाइल

स्कूल) के माध्यम से पढ़ रहे हैं। स्कूल की छुट्टी होने से पहले उन्हें खाना भी दिया जाता है। गुजरात के इस दूसरे श्रेष्ठ शहर की अनेक महिलाएँ स्वेच्छा से निर्माण-कार्यों में लगे मजदूरों के बच्चों को पढ़ाने में जुटी हुई हैं। ये महिलाएँ हर महीने अपनी जेब से इस पाठशाला को चलाने के लिए पचास हजार रुपए तक खर्च करती हैं। इस ग्रुप की प्रमुख नेता जूईन दत्ता हैं, जो हाउसवाइफ के अलावा एमएस यूनिवर्सिटी की टीचर भी रह चुकी हैं। 11 साल तक उन्होंने शहर के स्कूलों में पढ़ाने के बाद नौकरी को छोड़ दी थी। इसके बाद उन्होंने इस नए काम को शुरू किया।

इस लर्निंग सेंटर को स्रोतोश्विनी नामक सामाजिक और कल्चर ग्रुप ने शुरू किया था। जहाँ निर्माण-कार्यों में शहरों में लगे मजदूरों के बच्चों को पढ़ाया जाता था। धीरे-धीरे इस सेंटर पर मजूदरों ने अपने बच्चों को भेजना शुरू कर दिया था। इस पाठशाला से अच्छे अनुभव हासिल होने के बाद ग्रुप ने मोबाइल स्कूल चलाना शुरू किया। अन्य स्कूलों की तरह ही सामा के इंडोर स्टेडियम में अलग से लगनेवाले इस स्कूल में बच्चों को अल्फाबेट, शब्द और नंबरों की पहचान करना सिखाया जाता है। हालाँकि ये बच्चे सामान्य स्कूलों की तरह पढ़ाई नहीं कर रहे होते हैं, लेकिन इस प्रयास से बच्चों के माता-पिता उनमें पढ़ने की इच्छा जगाने के बाद सामान्य स्कूलों में पढ़ने भेज सकते हैं।

फंडा यह है कि किसी काम की एक अच्छी शुरुआत होने का मतलब होता है कि आपने आधा काम पूरा कर लिया है। कई सपने शुरुआत नहीं होने की वजह से केवल सपने ही रह जाते हैं।

□

हलके-फुलके वातावरण में भी मूल्यों की शिक्षा दी जा सकती है

कभी आपने सोचा है कि नई उम्र के लड़के-लड़कियाँ ब्रांडेड कॉफी शॉप आदि में अपना ज्यादा समय क्यों बिताते हैं। वहाँ पैसे क्यों खर्च करते हैं। दरअसल, ये वे जगहें होती हैं, जहाँ उन्हें कोई टोकता नहीं। कोई टेबल खाली करने के लिए नहीं कहता। यहाँ वे खुद के साथ वक्त बिता पाते हैं, इसीलिए। कुछ शॉप्स तो सुविधाएँ भी देती हैं। मसलन-युवाओं की पसंद का संगीत वहाँ चलता रहता है, जबकि कुछ अन्य उन्हें उनकी पसंद की डीवीडी दे देते हैं, जिन्हें वे देख सकते हैं। कहीं-कहीं पढ़ने के लिए किताबें ऑफर की जाती हैं। बस, सवाल किसी तरह का नहीं होता। इसीलिए इन ब्रांडेड शॉप्स का बिजनेस लगातार बढ़ता जा रहा है।

अब हम अपने माता-पिता को याद करते हैं। वे कई बार अपनी बेटी को राजेश खन्ना की पिक्चर दिखाने ले जाते थे। शायद वे चाहते थे कि उन्हें राजेश खन्ना की तरह दामाद मिले। लड़कों को अमिताभ बच्चन की फिल्में दिखाते थे, जिससे कि वे विजय (अमिताभ का उस वक्त का लोकप्रिय फिल्मी नाम) की तरह ईमानदार और साहसी बन सकें। नए और पुराने इस चलन से अहमदाबाद के ग्रेस फेलोशिप एजी चर्च ने प्रेरणा ली है। उसने अपने कैंपस में खासकर युवाओं के लिए नॉवेल लाउंज की सुविधा शुरू की है। यहाँ पैसे तो ज्यादा खर्च नहीं होते, लेकिन बैठने और बातचीत करने का वक्त खूब मिलता है। गुजरात कॉलेज के पास स्थित इस चर्च ने अपनी पुरानी लाइब्रेरी को युवाओं की जरूरत के मुताबिक फिर से तैयार किया है। उसे नया नाम (नॉवेल लाउंज) और रंग-रूप दिया है। यहाँ शुरुआत भी शानदार होती है—चाय या कॉफी के साथ।

इस लाउंज को शुरू हुए 22 दिन हुए हैं। इसमें तरह-तरह की किताबें तो हैं ही, मनपसंद डीवीडी के चुनाव की सुविधा भी है। इंटरनेट की भी व्यवस्था है। यह लाउंज पास्टर जियो वर्गीज के दिमाग की उपज है। वर्गीज युवाओं को एक ऐसी जगह देना चाहते थे, जहाँ वे आपस में बेझिझक बातचीत कर सकें। जहाँ उन्हें कोई रोके-टोके नहीं। जहाँ उन्हें ऐसा माहौल मिले, जिसमें रहते हुए उनमें मूल्यों का विकास हो सके। वर्गीज की इसी सोच के साथ यह लाउंज शुरू हुआ। यहाँ चर्च इस बात का खास खयाल रखता है कि उसे इस उपक्रम से पैसे नहीं कमाने हैं। साथ ही यहाँ आनेवालों पर अपनी धार्मिक मान्यताएँ थोपने की कोशिश नहीं करनी है। सुबह 11.00 बजे से शाम 7.00 बजे तक यह लाउंज खुला रहता है। यहाँ युवाओं को शाम के समय काउंसलर की सुविधा भी मिलती है। युवा आजकल तरह-तरह की समस्याओं का सामना कर रहे हैं। चाहे वह संबंधों की पेचीदगी हो या नशे की समस्या। इसी तरह की और भी न जाने क्या-क्या समस्याएँ। इसे देखते हुए नॉवेल लाउंज में फुल टाइम काउंसलर नियुक्त करने का फैसला हो चुका है। नियुक्ति की प्रक्रिया जारी है।

शुरुआत में ही इस लाइब्रेरी में युवा बड़ी संख्या में आकर्षित हो रहे हैं। इसकी वजह यह कि यहाँ का माहौल उनके लिए काफी अनुकूल है। दूसरा कारण यह कि यहाँ किसी भी धर्म या उससे जुड़ी बातों का जिक्र नहीं होता। किसी भी व्यक्ति से उसकी धार्मिक मान्यताओं के बारे में बात नहीं की जाती। तीसरी बात है, यहाँ मिलनेवाली इंटरनेट सुविधा और वह भी बिना किसी सवाल-जवाब के, और सबसे बड़ी चीज यह है कि यहाँ आनेवाले युवाओं को कोई यह नसीहत देते नहीं फिरता कि क्या करो, क्या न करो। लड़के-लड़कियाँ यहाँ अपने दोस्तों के साथ चाय-कॉफी पीने आते हैं। इसके साथ ही उन्हें यहीं पर पसंदीदा किताबें, इ-बुक्स, फिल्में आदि पढ़ने-देखने का मौका मिल जाता है। यहाँ वे आते हैं, आराम से बैठते हैं, चाय-कॉफी की चुस्कियों के साथ दोस्तों से बातें करते हैं। जो पढ़ना-देखना-सुनना हुआ, वही करते हैं और अच्छा वक्त बिताकर चले जाते हैं, यानी माहौल काफी हद तक वैसा ही, जैसा किसी ब्रांडेड कॉफी शॉप में होता है। चर्च समुदाय भी उत्साहित है।

लाइब्रेरी तो उनके यहाँ पहले से ही थी, लेकिन युवा पीढ़ी उसकी तरफ रुख नहीं करती थी। शायद इसलिए कि उसे सिर्फ पढ़ने में ज्यादा दिलचस्पी नहीं रही, लेकिन अब नई सुविधा के बाद यहाँ इसी पीढ़ी के लोगों की लाइन लगी है। अच्छा वक्त बिताने के बहाने ये अब उन किताबों पर भी गौर कर रहे हैं, जिन्हें वैसे शायद

वे कभी नहीं पढ़ते। इसे देख अब चर्च को यकीन हो चला है कि यह पढ़ाई जाया नहीं जाएगी। किसी भी बहाने से सही कम-से-कम युवा किताबों के नजदीक तो आ रहे हैं। इससे उनमें मूल्यों का बीज तो पड़ेगा ही, और फलेगा-फूलेगा भी। वे अच्छे और जिम्मेदार इनसान बनेंगे।

फंडा यह है कि अगर आप चाहते हैं कि युवा-पीढ़ी अपने जीवन में मूल्यों को आत्मसात् करे, उन्हें स्वीकार करे तो वह रास्ता चुनना होगा, जो युवाओं के लिए सहज हो, मित्रवत् हो, उनका पसंदीदा हो। जबरन उन्हें मूल्यों की शिक्षा देने का तरीका अब पुराना पड़ चुका है।

□

आप समाज में बदलाव देखना चाहते हैं तो खुद पहल करें

2010 की बात है। किसी ने पुणे ट्रैफिक पुलिस के फेसबुक पेज पर गंदे जंग लगे हुए खंभे की तसवीर पोस्ट की थी। तसवीर देखकर उन्हें खयाल आया कि क्यों न मौके पर जाकर असलियत देखी जाए, जहाँ की तसवीर थी, वहाँ पहुँचे तो देखा कि खंभा सड़क के बीचोबीच है। उस पर स्ट्रीट लाइट भी नहीं है न कोई चेतावनी। सड़क चौड़ी करने की कवायद में खंभा बीच में गया था और अब उस स्थिति में था कि वह एक्सीडेंट की वजह बन सकता था, लेकिन किसी भी एजेंसी को चिंता नहीं थी। वे खुद रोज रात को ऑफिस से घर लौटते थे, क्योंकि वे नाइट शिफ्ट में काम करते थे। उन्हें अंदाजा था कि सड़क के बीच इस खंभे के कारण सबसे ज्यादा असुविधा दोपहिया गाड़ीवालों को होती होगी। लिहाजा उन्होंने इस खंभे पर लाल रंग के रेडियम टेप चिपका दिए। ताकि रात में राहगीरों को वह खंभा आसानी से नजर आए। जिस व्यक्ति ने ट्रैफिक पुलिस के फेसबुक पेज पर खंभे की तसवीर पोस्ट की थी, उसे इस घटनाक्रम का इल्म नहीं था। लिहाजा, खंभे पर रेडियम टेप देख वह खुश हो गया।

उसने उसी खंभे की बदली हुई तसवीर पोस्ट की। दावा किया कि उसने जो कदम उठाया था, उसका नतीजा है कि खंभे पर रेडियम टेप चिपका दिया गया है। इसके लिए उसने ट्रैफिक पुलिस और फेसबुक को भी शुक्रिया कहा। फिर लोगों को नसीहत दी कि बाकी लोगों को भी समाज में बदलाव लाने के लिए इसी तरह कदम उठाने चाहिए। इस कहानी के असल हीरो थे—सुजीत पाठनकर। वे पुणे के सदाशिव पेठ इलाके में रहते हैं। एक मल्टीनेशनल कंपनी में काम करते हैं। सुजीत के पहले ही काम ने उन्हें एक रास्ता दिखा दिया। वे समाज में जो परिवर्तन लाना

चाहते थे, उसका रास्ता। अगले दिन इतवार था। सुजीत कोठरुड इलाके में चले गए। वहाँ ट्रैफिक नियम तोड़नेवालों की तसवीरें खींचनी शुरू कीं। वीडियो बनाए। फिर नेटवर्किंग साइटों पर अलग-अलग अकाउंट खोले और उन तसवीरों, वीडियो को शेयर करना शुरू कर दिया। एक से दो, दो से चार होते हुए ये तसवीरें और वीडियो कई लोगों तक पहुँचने लगे।

पाठनकर के लिए यह कवायद धीरे-धीरे आम हो गई थी। हालाँकि पहले उन्होंने सोचा था कि वे ट्रैफिक नियम तोड़नेवालों के ऊपर एक फिल्म बनाएँगे, लेकिन बाद में उनको लगा कि नेटीजन (नेट पर सक्रिय लोगों की आबादी) का प्रभाव ज्यादा होता है। लिहाजा, उन्होंने अपनी पहल के लिए इसी वर्ग को टारगेट किया। काम से लौटने के बाद वे ट्रैफिक निगहबान (नजर रखनेवाला) की भूमिका निभाने लगे। ट्रैफिक नियम तोड़नेवालों की तसवीर/वीडियो बनाकर उन्हें पोस्ट करते। अब तक वे करीब 2,500 तसवीरें खींच चुके हैं, जबकि 500 के आसपास वीडियो बना चुके हैं। इन्हें सोशल साइटों पर डाल चुके हैं।

उन्हें लगता है कि ट्रैफिक के नियम तोड़नेवालों को अपनी इस तरह बदनामी होती दिखेगी तो वे सँभल जाएँगे। सीट-बैल्ट लगाने, रेडलाइट जंप करने, हैलमेट लगाने की वजह से उन्हें दुर्घटनाओं का कारण बताया जा रहा है। पाठनकर एक काम और कर रहे हैं। सड़क के बीचोबीच जो भी बाधाएँ हैं, वे चाहे खंभे हों, पेड़ या फिर डिवाइडर वगैरह, सभी पर रेडियम टेप चिपका रहे हैं, ताकि रात को लोग इन्हें देखकर सँभल जाएँ। अब तक वे 1,800 बाधाओं पर टेप चिपका चुके हैं। उनकी कोशिशों ने उन्हें लोकप्रिय भी बनाया है। स्कूल, कॉलेज कोचिंग इंस्टीट्यूट, एनजीओ सेंटर्स आदि में उन्हें लैक्चर देने के लिए बुलाया जाता है। वहाँ वे अपनी बनाई फिल्में भी दिखाते हैं, पुलिस भी उनसे मदद लेती है।

फंडा यह है कि अगर आप समाज में कोई बदलाव लाना चाहते हैं तो पहले अपने स्तर पर उसकी कोशिश करें। तकनीक का भी इस्तेमाल करें, ताकि आपकी कोशिश जल्द और ज्यादा असर दिखाए।

□

पहचान बनाना चाहते हैं तो अनजानी राहों पर चलें

पहली कहानी—जब कभी सड़क पर किसी सिग्नल या फिर किसी रेस्तराँ के बाहर कोई भूखा बच्चा हमसे कुछ खाने के लिए माँगता है तो सामान्य तौर पर हम फौरन कुछ पैसे या फिर बचे हुए खाने को उसे दे देते हैं, लेकिन बेंगलुरु के तीन विद्यार्थियों और एक आँत्रेप्रेन्योर ने तय किया कि इतने भर से काम नहीं होगा। उन्होंने 'दान' करने की इस सहज प्रक्रिया को एक अभियान की शक्ल दे दी, जिससे सहानुभूति का संदेश सभी ओर फैले और यह चंद लोगों की बजाय ज्यादा-से-ज्यादा लोगों की संवेदना को झकझोरे।

सन्मुख मेहता, राहुल जैन, दीक्षित भट (सभी 19 वर्ष के) तथा रोहिथ सुब्रह्मण्यम पिछले सप्ताह एक लघु फिल्म की शूटिंग से लौट रहे थे, तभी सड़क पर एक छोटा सा बच्चा तेजी से दौड़ते हुए उनकी ओर आया और कुछ खाने के लिए माँगने लगा। पहली नजर में देखने से ही पता चल रहा था कि उस बच्चे को वास्तव में भूख लगी है और उसे खाना ही चाहिए, पैसे नहीं। उससे बात करते समय पता चला कि उस दिन उसका जन्मदिन भी था। बस फिर क्या था, चारों ने एक प्लेकार्ड निकाला और उस पर लिखा, आज मेरा जन्मदिन है, मुझे दावत दें। इस प्लेकार्ड के साथ वे चारों उस बच्चे के साथ एक अंतरराष्ट्रीय कैफे आउटलेट की ओर मुँह करके खड़े हो गए।

शुरुआती 20 मिनट में कुछ खास नहीं हुआ। कुछ लोग आए, रुके, प्लेकार्ड देखा और आगे बढ़ गए। कुछ ने पूछा, किसका जन्मदिन है, पता चला कि बच्चे का तो वे भी आगे बढ़ गए। करीब 25 मिनट बाद कुछ अनजान लोग पहुँचे

और बच्चे को खाने का ऑफर दिया, लेकिन कैफे के मैनेजर ने बच्चे को अंदर घुसने से रोक दिया, इस पर चारों ने दखल देकर मैनेजर से अनुमति ले ली। इसके बाद उन्होंने बच्चे से पूछा कि वह कहाँ बैठना चाहता है। बच्चे ने सकुचाते हुए एक सोफे की ओर इशारा किया। वहाँ दो अजनबियों ने बच्चे के लिए एक मफिन केक लिया और उसपर मोमबत्तियाँ भी लगा दीं। इससे बच्चा बेहद खुश हुआ और सोफे पर बैठकर आराम से पूरा केक खाया। इस दौरान चारों कैफे में खड़े रहे और पूरे वाकये की फिल्म बना ली।

अब उन चारों ने फैसला लिया कि वे हर शनिवार को ऐसा ही करेंगे, ताकि सहानुभति का संदेश ज्यादा-से-ज्यादा फैलाया जा सके और चंद लोगों की बजाय ज्यादा लोगों की संवेदना जगाई जा सके। वे केवल यह चाहते हैं कि कुछ लोगों की जिंदगी सामान्य से थोड़ी ज्यादा खुशहाल हो सके।

दूसरी कहानी—बिहार के एक युवा कुमुद रंजन की डॉक्यूमेंटरी फिल्म को दक्षिण कोरिया के ह्यूंडे-गु में 2 से 11 अक्तूबर तक होने जा रहे 19 वें बूसान अंतरराष्ट्रीय फिल्म समारोह में शामिल होने का मौका मिला है। कुमुद एक 80 मिनट लंबी डॉक्यूमेंटरी के सिनेमेटोग्राफर भी हैं। इस फिल्म का नाम है फुटप्रिंट्स इन डेजर्ट, यह भारत-पाकिस्तान सीमा पर रहनेवाले लोगों की जिंदगी पर आधारित है। इस फिल्म में एक अहम् चरित्र है अब्दुल, जिसकी उम्र 85 साल की है। उसकी पैरों के निशान पढ़ने की काबिलीयत कमाल है, वे महज इन निशानों को देखकर बता देते हैं कि इन निशानोंवाला व्यक्ति सीमा पार गया है या नहीं।

कुमुद पहली बार तब सामने आया, जब उसने गया के पर्वत पुरुष के तौर पर जाने जानेवाले स्वर्गीय दशरथ माँझी पर 26 मिनट की एक डॉक्यूमेंटरी फिल्म बनाई थी। पहाड़ को काटकर रास्ता बनानेवाले माँझी पर बनी यह फिल्म 2011 में रिलीज हुई थी। इसे मुंबई अंतरराष्ट्रीय फिल्म समारोह 2012 तथा उसी साल केरल अंतरराष्ट्रीय फिल्म समारोह में भी दिखाया गया था। सूचना एवं प्रसारण मंत्रालय के निर्देश पर फिल्म्स डिवीजन ने इस फिल्म के लिए मदद की थी।

बीते 10 सालों से एक सामान्य सरकारी कर्मचारी का यह बेटा कई

डॉक्यूमेंटरी फिल्मों से जुड़ा है। प्रोड्यूसर, सिनेमेटोग्राफर, रिसर्चर तथा निदेशक के तौर पर। इनमें से कई डॉक्यूमेंटरी को अंतरराष्ट्रीय फंडिंग एजेंसी, अंतरराष्ट्रीय टीवी चैनल्स, विभिन्न राज्य सरकारों तथा केंद्र सरकार की मदद मिली है।

फंडा यह है कि हर युवा चाहता है कि वह दूसरों की नजरों में आए, उसकी पहचान बने, लेकिन यह तभी संभव है, जब वह ऐसी सड़क पर यात्रा करने को तैयार हो, जो अनजानी हो, जिसपर उससे पहले कोई और गया हो।

□

इरादा मजबूत है तो अनजान जगह पर सफल हो सकते हैं

अफ्रीकी देश घाना के आकरा में ओल्ड फदामा नाम की एक झुग्गी बस्ती है। चार एकड़ जमीन पर बसी इस बस्ती में लगभग 80,000 लोग रहते हैं। हर झोंपड़ी अवैध बिजली से रोशन होती है। लोगों ने चोरी से कनेक्शन ले रखे हैं, जिससे अकसर शॉर्ट सर्किट और आग लगने की घटनाएँ होती रहती हैं। 2012 में ब्रिटेन के ट्रेनी वकील आकरा में इंटर्नशिप करने आए थे। उनके सामने ऐसा ही हादसा हुआ और दो बच्चों की मौत हो गई। वहीं लगभग 3,500 लोग बेघर हो गए। हादसे के बाद लोगों के चेहरों पर बेचारगी झलक रही थी। डेविड तब 25 साल के थे। लंदन की क्वींस मैरी यूनिवर्सिटी से कानून की पढ़ाई कर रहे थे। इन्हें देख उनका दिल टूट गया, लेकिन वे कुछ कर नहीं पाए। दो महीने की इंटर्नशिप पूरी हो गई थी, इसलिए लंदन लौटना पड़ा। लेकिन दिमाग लगातार चल रहा था।

वे आकरा की उस झुग्गी बस्ती के लोगों की मदद करना चाह रहे थे। इस मसले पर उन्होंने अपने दोस्तों से बात की। कई आइडिया आए। अंत में एक पर सभी की सहमति बनी। यह आइडिया बस्ती के लोगों को कम जोखिमवाले तरीके से बिजली उपलब्ध कराने के मॉडल से संबंधित था। इन्होंने मिलकर पहले एक ग्रुप बनाया। इसका नाम रखा ईएफओएफ, यानी एनर्जी फॉर ओल्ड फदामा। डेविड इसके एक्जीक्यूटिव डायरेक्टर थे। टीम में क्वींस मैरी यूनिवर्सिटी के ही चार स्टूडेंट थे। सभी कानून की फाइनल ईयर की पढ़ाई करनेवाले। इनके नाम थे—जया प्रधान (20), वनेसा शॉर्ट (21), डेविड वॉन (22) और क्रोमा ब्रिग्स (23)। इसके अलावा निनोश्का डिसूजा (22) भी थीं। वे उसी यूनिवर्सिटी में सस्टेनेबल एनर्जी में फाइनल ईयर की स्टूडेंट थीं। इस ग्रुप का मकसद बस्ती के

लोगों को सोलर पैनल के जरिए बिजली उपलब्ध कराने का था।

उन्होंने पहले बाजार से सोलर पैनल वगैरह जरूरी उपकरण खरीदे। कुछ विशेषज्ञ इंजीनियरों की भी राय ली। उन्होंने इन स्टूडेंट्स के मॉडल को सही बताया। डेविड ने अपने सभी दोस्तों को उस बस्ती के हाल पहले ही बता दिए थे। वे सभी मानते थे कि उनके लिए एक मौका है कि वे उन गरीब लोगों के जीवन में कुछ बदलाव ला सकें, लेकिन अभी फंड की समस्या थी। इसलिए उन सबने एक बिजनेस प्लान बनाया और उसे कई कंपनियों को भेजा, ताकि कोई स्पॉन्सरशिप हासिल की जा सके। यूनिवर्सिटी कैंपस से भी पैसा जुटाना शुरू किया। इसके लिए किताबों और बेकरी के आइटमों की बिक्री शुरू की गई। उन्हें सिर्फ ट्रायल के लिए ही 1,60,000 रुपए चाहिए थे। जबकि पूरी बस्ती में प्रोजेक्ट लगाने के लिए करीब 16 लाख रुपए। तमाम कोशिशों के बाद ट्रायल के लिए जरूरी पैसे जुटा लिये गए और इस टीम ने बस्ती के दो स्कूल, दो मस्जिद और एक चर्च में सोलर पैनल लगा दिए। इसकी लगातार मॉनिटरिंग भी करते रहे। सितंबर 2013 में जब वे ट्रायल से संतुष्ट हो गए तो अगले चरण की तैयारी शुरू कर दी।

सबसे पहले जरूरी फंड जुटाने के लिए क्राउडफंडिंग कैंपेन शुरू किया गया। यह दिसंबर 2013 में शुरू हुआ। इस अभियान के दौरान पैसा आया, लेकिन इससे सिर्फ आधी बस्ती को रोशन करने लायक जुगाड़ हो पाई। इसलिए उन्होंने आत्मनिर्भर होने की योजना बनाई। बस्ती की 25 महिलाओं को ट्रेंड किया। उन्हें सोलर पैनल इंस्टॉल करना और इस्तेमाल करना सिखाया। उनकी मदद से डेविड और उनके साथी लक्ष्य पूरी तरह हासिल करने में सफल हो गए। आज ईएफओएफ के प्रोजेक्ट की हर तरफ चर्चा हो रही है। उसे समर्थन भी मिल रहा है। समर्थन देनेवालों में मसजिदों के इमाम, चर्चों के पादरी और मंत्री शामिल हैं। समाज के बड़े लोग इस प्रोजेक्ट के लिए अब खुद आगे आकर फंड भी दे रहे हैं।

फंडा यह है कि अगर आपका इरादा पक्का है तो आप अनजान जगहों पर भी सफल हो सकते हैं। अपने हुनर का जादू दिखा सकते हैं।

□

ज्यादा मुनाफा चाहिए तो प्रोडक्ट को बेहतर बनाइए

आप जब चेन्नई पहुँचेंगे तो सड़कों पर दौड़ रहे ऑटो रिक्शों में बदलाव महसूस करेंगे। यहाँ कई ऑटो की छतें काली की बजाय गुलाबी नजर आएँगी और इनकी ड्राइवर महिलाएँ भी। ऑटो में मीटर भी नहीं, बल्कि टैबलेट्स हैं। ये कैमरा, ऑडियो रिकॉर्डर, जीपीएस सिस्टम और खास सॉफ्टवेयर से लैस हैं। टैबलेट की स्क्रीन को छूते ही उसमें ड्राइवर की डिटेल सामने आएगी। जैसे— उसका नाम, तसवीर, लाइसेंस मोबाइल नंबर आदि। इसी बीच आपको कोई शरारत सूझे, क्योंकि ऑटो ड्राइवर महिला है, तो सावधान हो जाएँ। टैबलेट में ड्राइवर के लिए हेल्प आइकन भी है। वह जैसे ही उसे छुएगी, उसके पास मदद पहुँचेगी और आपके लिए परेशानी। टैबलेट में लगा कैमरा और ऑडियो रिकॉर्डर सीधे कॉल सेंटर से जुड़ा है। ड्राइवर के साथ ऑटो में बैठनेवाले की हर तरह की बातचीत वहाँ रिकॉर्ड होती है। कहीं कोई गड़बड़ समझ आती है तो तुरंत सिक्योरिटी स्टाफ के मारफत लोकल पुलिस तक सूचना पहुँच जाती है। ऑटो और ड्राइवर की सही लोकेशन तथा पूरे डिटेल के साथ एवं पुलिस मिनटों में मौके पर हाजिर हो जाती है। हालाँकि इस व्यवस्था को सँभालनेवाले अब सभी ऑटो में लगे टैबलेट्स को सीधे पुलिस के सर्वर से जोड़नेवाले हैं ताकि बीच से कॉल सेंटर हट जाए। ऑटो तक पुलिस और कम समय में मदद के लिए पहुँच जाए। अगर ऑटो में यात्रा करनेवाली सवारी (पुरुष या महिला) बदमाशी कर रही हो तो तुरंत उसे दबोचकर उससे सवाल-जवाब किए जा सकें।

सामान्य स्थितियों में यही टैबलेट नजर रखता है कि ऑटो ड्राइवर सवारी को सही रास्ते से ले जा रहा है या नहीं। उसने गलत रास्ता लिया है तो टैबलेट पर संकेत

जाएगा। टैबलेट पर विज्ञापन की जगह भी होती है। उस पर लोकल रेस्टोरेंट, होटल, थिएटर आदि की जानकारी और नई फिल्मों के प्रोमो, सेल्स ऑफर्स वगैरह चलते हैं। इन विज्ञापनों की कीमत तय करने का आधार यह है कि ड्राइवर ने एक दिन में कितने किलोमीटर सफर किया। इसी हिसाब से विज्ञापन देनेवालों से उनके निश्चित स्लॉट की 30 दिन की कीमत ली जाती है। इन रिक्शों का नाम है, मक्कल ऑटो। मक्कल, यानी 'आम लोग'।

ये ऑटो मंसूर अली खान नाम के एक 27 साल के लड़के के दिमाग की उपज हैं। मंसूर टेक्नीशियन हैं। उन्होंने एक आइडिया से दो समस्याओं का समाधान कर दिया है। पहली समस्या—ऑटो ड्राइवरों द्वारा लोगों से ज्यादा किराया वसूलने की। और दूसरी—ऑटो में आने-जानेवाली महिला सवारियों की सुरक्षा की। मक्कल ऑटो की ड्राइवर ज्यादातर महिलाएँ ही हैं, इसलिए महिलाओं की सुरक्षा की चिंता का समाधान हो गया और तकनीक के बेहतर इस्तेमाल ने ज्यादा किराया वसूले जाने की समस्या हल कर दी। ऑटो चलानेवाली महिलाओं को भी रोजगार का बेहतर विकल्प भी उपलब्ध कराया गया है। ये महिलाएँ दिन भर के लिए 150 रुपए देकर ऑटो किराए पर लेती हैं, जबकि काले-पीले ऑटो रोज 300 रुपए तक के किराए पर मिल पाते हैं। महिला ड्राइवर सुबह सात से शाम सात बजे तक काम करती हैं। दोपहर को एकाध घंटे की छुट्टी भी लेती हैं, ताकि अपने बच्चों का बीच-बीच में खयाल रख सकें। इसके बाद भी रोज 600 रुपए तक कमा लेती हैं। वह भी सभी तरह के खर्च काटकर। दिन भर किसी के घर में रहकर मरीज की सेवा करनेवाली प्राइवेट नर्स भी इससे कम ही कमा पाती होंगी।

फंडा यह है कि मक्कल ऑटो की ड्राइवर ज्यादातर महिलाएँ ही हैं, इसलिए महिलाओं की सुरक्षा की चिंता का समाधान हो गया और तकनीक के बेहतर इस्तेमाल ने ज्यादा किराया वसूले जाने की समस्या हल कर दी।

□

बीमारी को दिमाग पर हावी न होने दें

अधिकतर सेलिब्रिटीज को देखकर लगता है कि उनकी जिंदगी कितनी परफेक्ट है, लेकिन फैंसी कपड़ों और मेकअप की परतों के नीचे कुछ और भी है, जो उन्हें उतना ही परेशान करता है, जितना कि बाकी लोगों को। बीमारी एक ऐसी चीज है, जो किसी में भेदभाव नहीं करती, लेकिन ये लोग बीमारी को अपने दिमाग पर हावी नहीं होने देते। ये चेहरे पर मुसकान के साथ बीमारी से लड़ते हैं।

पहली कहानी—बॉलीवुड के सलमान खान सात साल से न्यूरोपैथिक बीमारी से पीड़ित हैं, जिसमें उन्हें काफी दर्द झेलना पड़ता है। दर्द जब उठता है तो उनके चेहरे से होता हुआ गालों और जबड़े तक जाता है। इसे ट्रिगेमिनल न्यूरेगा कहते हैं। लेकिन सलमान इस बीमारी को अपने फिटनेस शेड्यूल, शूटिंग और फिल्म प्रमोशन के आड़े नहीं आने देते। हालाँकि सलमान इसका इलाज करा रहे हैं। बावजूद इसके वे कभी भी इस बीमारी को अपने पर हावी नहीं होने देते।

दूसरी कहानी—यह कहानी है फवाद खान की। फवाद पाकिस्तानी गायक, मॉडल और एक्टर हैं। हाल ही में उन्होंने सोनम कपूर के साथ 'खूबसूरत' फिल्म से बॉलीवुड में बतौर अभिनेता एंट्री की। स्मार्ट होने के साथ ही वे बेहद अच्छे स्वभाव वाले इनसान हैं। थोड़े से आलसी हैं और सोना बहुत पसंद करते हैं, लेकिन अपने काम और किसी को किए वादे को पूरा करने के लिए हर संभव कदम उठाते हैं। फवाद को टाइप वन डायबिटीज है। 10 में से एक को यह डायबिटीज होती है। इसमें खाने-पीने का काफी परहेज रखना होता है। क्योंकि जो कुछ भी खाते हैं, वह सीधे ब्लड शुगर लेवल को प्रभावित कर सकता है। फवाद का मानना है कि बीमारी होना एक चीज है। लेकिन इसकी वजह से किसी को निराश होकर नहीं बैठना चाहिए।

तीसरी कहानी—ऐसे ही अभिषेक बच्चन की भी कहानी है। काफी कम

लोग जानते हैं कि जब वे नौ साल के थे, तब उनमें माइल्ड डिस्लेक्सिया का पता चला था। इस समस्या को लेकर आमिर खान ने फिल्म 'तारे जमीन पर' भी बनाई थी। मेडिकल ट्रीटमेंट के साथ ही परिवार के साथ और कड़े अनुशासन की मदद से अभिषेक ने अपनी स्टूडेंट लाइफ में ही समस्या पर काबू पा लिया और इसे रुकावट नहीं बनने दिया।

चौथी कहानी—अमरीकी रिएलिटी शो स्टार किम कर्दाशियाँ वैसे तो कई वजहों से सुर्खियों में रहती आई हैं। टीवी स्टार होने के अलावा वे फैशन डिजाइनर और एंटरप्रिन्योर भी हैं। किम न्यूयॉर्क टाइम्स की बेस्ट सेलर बुक 'कर्दाशियाँ कॉन्फिडेंशिएल' की लेखिका भी हैं। लॉस एंजिलिस में जन्मी किम को 2011 में सोरायसिस होने का पता चला। किम ने इसे छुपाने की बजाय लोगों के साथ साझा किया। अपने करीबियों के अलावा किम ने मीडिया में भी इसके बारे में बात की। किम के इस कदम से उन लोगों का हौसला बढ़ा, जो सोरायसिस से लंबे समय से परेशान थे।

पाँचवीं कहानी—ओलंपियन तैराक माइकल फेल्प्स जब नौ साल के थे, तब उनमें अटेंशन डेफिसिट हाइपरएक्टिविटी डिसऑर्डर का पता चला। इससे पीड़ित व्यक्ति कहीं पर भी अपना ध्यान केंद्रित नहीं कर पाता है। अपने व्यवहार पर भी व्यक्ति का कंट्रोल नहीं रहता, लेकिन माइकल ने इस बीमारी पर काबू तो पाया ही, साथ ही तैराकी के चैंपियन भी बने। हॉलीवुड की अदाकारा हेले बेरी एक टीवी शो के दौरान बेहोश हो गईं। जाँच में पता चला कि उन्हें डायबिटीज है, लेकिन उन्होंने बीमारी से हार नहीं मानी और जो करना चाहती थीं वह किया।

फंडा यह है कि किसी भी बीमारी से लड़ने के लिए मजबूत इच्छाशक्ति का होना सबसे ज्यादा जरूरी है। दवा तो सिर्फ शरीर को बीमारी से लड़ने में मदद करती है। मन मजूबत होगा तो आप बीमारी से सीधे टक्कर ले पाएँगे और उसे हरा पाएँगे।

□

अक्षमताओं पर रोने की बजाय क्षमताओं को आगे बढ़ाएँ

14 वर्षीय लड़के की कहानी—जब वह दस साल का था, तब उसने अपने दोनों हाथों के अगले हिस्सों को एक हादसे में खो दिया, लेकिन अब वह हाथ के ऊपरी हिस्से से सफेद झक कैनवास पर बेहतरीन और उम्दा चित्र उकेरता है, वह भी बिना किसी दिक्कत के। कम उम्र में पिता को खोने के बाद उसके जीवन में प्रेरणा के लिए सिर्फ उसकी माँ थीं। माँ उसके कॅरियर को आगे बढ़ाने के लिए पूरी मदद कर रही थीं। वह सॉफ्टवेयर इंजीनियर बनना चाहता है। वह जितना अच्छा पेंटर है, उतना ही अच्छा पढ़ाई में भी है। नौवीं कक्षा का यह छात्र तब से पेंटिंग कर रहा है, जब वह चार साल का था। उसने कई राष्ट्रीय और राज्य स्तरीय सम्मान भी जीते हैं। तेलंगाना का रहनेवाला 14 वर्षीय रवि कुमार आज कहता है कि वह अपनी अक्षमता के कारण अपने जीवन की सीमाओं को कम नहीं करेगा, साथ ही वह माँ के रोज के कार्यों में मदद भी करेगा।

15 वर्षीय लड़के की कहानी—अशोक कुमार मध्य प्रदेश के ग्वालियर का रहनेवाला है। उसे चिंता होती है, जब वह किसी को दर्द में या घायल देखता है। वह तुरंत एक नर्स के किरदार में आ जाता है। लोगों की मदद के लिए तत्काल प्राथमिक उपचार की व्यवस्था करता है। वह प्रोफेशनल नर्स बनना चाहता है। अशोक खुद सेरेब्रल पाल्सी का मरीज है।

16 वर्षीय लड़के की कहानी—जब अतनु पाल पैदा हुआ था, तब नर्स ने उसके पिता को अच्छी खबर सुनाई थी कि आपके घर में लड़का पैदा हुआ है, साथ ही यह खबर भी दी कि वह ऑटिस्टिक मरीज है। उन्हें कुछ सेकेंड लगे सदमे से बाहर आने में। लेकिन वे तुरंत खुशी से रोने लगे। बाहर गए और लोगों को बताया

कि उन्हें विशिष्ट बच्चा पैदा हुआ है। भगवान् ने उसे इसलिए भेजा है, ताकि हम उसका अच्छे से खयाल रख सकें। उन्होंने ये सब बातें कहते हुए मिठाई भी बाँटी।

आज अतनु 16 साल का है। ग्यारहवीं कक्षा का छात्र है। टाइपिंग और डिजाइन बनाने में मास्टर है। उसके पिता ने अपनी सरकारी नौकरी से वॉलंटरी रिटायरमेंट ले लिया था, ताकि अपने बच्चे को पूरा समय दे सकें। जब भी दोनों पिता-बेटे को ज्यादा पैसों की आवश्यकता पड़ती है, तब वे नए ग्रीटिंग काड्र्स को डिजाइन करके बेचते हैं। अतनु विशिष्ट बच्चों के लिए भुवनेश्वर आदिवासी मैदान में आयोजित अंजलि नेशनल चिल्ड्रन फेस्टिवल का हिस्सा है। जब भी कोई इस फेस्टिवल से बाहर आता है, तब उसे इस सच्चाई का पता चलता है कि भगवान् अक्षमताओं के साथ कुछ विशेष प्रकार की क्षमता भी देता है। इन सभी के सामने रोज सबसे बड़ी चुनौतियाँ खड़ी होती हैं। ये हैं—रूखा सामाजिक व्यवहार, सामाजिक कार्यों में भागीदारी को लेकर दावा और लोगों का बुरा व्यवहार। हालाँकि इन सभी ने बेहद बहादुरी से इनका सामना किया है, लेकिन इनके चेहरे पर हमेशा खुशी दिखाई पड़ती है।

पूरे मैदान में 150 बच्चे ओडिशा के विभिन्न स्कूलों से आए हैं। मैदान में आगे बढ़कर कुछ करने की इच्छा दिखाई पड़ रही है। सभी विशिष्ट बच्चे बेहद आनंद का अनुभव भी कर रहे हैं। अगले 45 दिनों तक ये बच्चे सिर्फ इस काम में लगे रहेंगे कि कैसे फेस्टिवल को सफल बनाया जाए। फेस्टिवल में ये बच्चे अपनी कला का प्रदर्शन करेंगे। पेंटिंग, कार्टूनिंग, डांस, क्राफ्ट, फर्स्ट एड, जादू, टेराकोटा और पॉटरी। अपनी पसंद की मूवी भी देखेंगे।

फंडा यह है कि विभिन्न प्रकार की समस्याओं और अक्षमताओं वाले विशिष्ट बच्चों में भी दुनिया जीतने की क्षमता होती है। दुनिया उनके लिए भी सुखद होती है, लेकिन उनकी क्षमताओं को आगे बढ़ाना चाहिए कि उनके साथ बुरा बरताव करना चाहिए।

□

इरादे मजबूत हों तो कई लोगों की जिंदगी बदल सकती है

14 से 15 साल के ज्यादातर बच्चे अपना अधिकतर समय स्कूल में, घर पर टीवी देखते हुए या इधर-उधर घूम-फिरकर बिताते हैं। उनसे यही उम्मीद भी की जाती है कि वे इसी प्राकृतिक प्रक्रिया से गुजरेंगे। कम-से-कम तब तक, जब तक वे अपना लक्ष्य निर्धारित नहीं कर लेते। इस प्रक्रिया की निगरानी तब और जटिल हो जाती है, जब आप सरकारी स्कूल में शिक्षण-पद्धति की गुणवत्ता और उसके परिणामों का गहन अवलोकन करें। लेकिन, राजस्थान में सीकर जिले के दादन गाँव में सरकारी उच्च शिक्षा स्कूल के प्रिंसिपल भागीरथमल महिचा की सोच इस मान्यता के विपरीत है। उपरोक्त बताई गई सभी परिस्थितियाँ इनके स्कूल के खिलाफ ही होती हैं। इस स्कूल पर किसी सरकारी अधिकारी की नजर भी नहीं जाती। भौगोलिक स्तर पर यह स्कूल तहसील और जिला मुख्यालय से काफी दूर है। इसे प्रशासन से जल्द कोई मदद भी नहीं मिलती। अच्छे शिक्षक हमेशा शहरों में रहना पसंद करते हैं। वहाँ रहना नहीं चाहते, जहाँ बच्चे उनसे कुछ समाधान माँगें या अपनी जिज्ञासा खत्म करना चाहें। इसी वजह से इस स्कूल में आठ शिक्षकों के पद खाली हैं।

लेकिन प्रिंसिपल और उनके शिक्षकों ने बीड़ा उठाया है इन मुसीबतों का डटकर सामना करने का। पहले उन्होंने छात्रों को समझाया कि शिक्षा सिर्फ राज्य स्तरीय परीक्षा को पास करने के लिए नहीं होती। ये सब मिलकर स्कूल के खुलने से पहले और बंद होने के बाद अतिरिक्त क्लास लेते हैं। बच्चों के घर या हॉस्टल में पढ़ने के समय को यहाँ उपयोग में लाया जाता है। शिक्षकों और छात्रों की यह कड़ी मेहनत जाया नहीं हुई। लोगों ने इन्हें माना। ग्रामीणों ने मिलकर अपनी तरफ से आठ शिक्षकों की भरती कराई। उन्हें पगार भी देते हैं। राज्य बोर्ड द्वारा कराई

जानेवाली 10वीं और 12वीं की परीक्षा में 550 छात्रों को भाग लेना था। उन्हें हर तरह की मदद दी गई। शुरुआत में लोगों ने अतिरिक्त क्लास का विरोध भी किया था। कारण था, परिवहन की कमी और असुरक्षा का भाव, लेकिन धीरे-धीरे यह विरोध ठंडा पड़ गया। करीब चार साल में इन सबकी कड़ी मेहनत रंग लाई। पिछले साल ज्यादातर बच्चों ने 90 फीसदी से ज्यादा अंक प्राप्त किए थे। उन्होंने इससे आगे बढ़ने का फैसला किया। धीरे-धीरे इस स्कूल में छात्रों की संख्या 350 से बढ़कर 1,650 हो गई।

चौथे साल, यानी 2014 में ऐसे परीक्षा परिणाम आए, जो कई बार बड़े शहरों के निजी स्कूल नहीं दे पाते। इस साल 100 फीसदी परिणाम आए। 550 छात्रों में से 105 ने 70 फीसदी के ऊपर, 243 ने 60 फीसदी के ऊपर अंक प्राप्त किए हैं। कुल मिलाकर 348 छात्र प्रथम श्रेणी में पास हुए हैं। अगला लक्ष्य है कि सभी को डिस्टिंक्शन अंक दिलवाना, लेकिन ग्राम पंचायत इसी परिणाम से इतना खुश हुई कि उसने प्रिंसिपल को ऑल्टो कार उपहार में दे दी। अन्य शिक्षकों को 40 ग्राम वजनवाले चाँदी के एक-एक सिक्के दिए। यह खबर गत सोमवार को दैनिक भास्कर में छपी थी और एक पूर्व शिक्षक तो स्कूल के परिवहन के लिए तीन साल तक ईंधन और मेंटनेंस कॉस्ट का खर्चा उठाने को भी तैयार है।

फंडा यह है कि अगर लक्ष्य निर्धारित हों, दृढ़ इच्छाशक्ति हो, सोच स्पष्ट हो तो कम संख्या के लोग भी बदलाव ला सकते हैं, किसी की जिंदगी बदल सकते हैं, भविष्य को सुधार सकते हैं।

□

जिंदगी में छाप छोड़नी है तो कभी हार मत मानो

17 साल पहले उसके दरजी पिता ने उसे चाचा के घर भेज दिया था, क्योंकि वे उसका खर्च नहीं निकाल पा रहे थे, लेकिन वह पश्चिम बंगाल के पुरुलिया स्थित चाचा के घर से कुछ पैसे चुराकर ट्रेन में बैठ गया। दिल्ली पहुँचा। उसे पूरा विश्वास था कि फिल्मी हीरो की तरह वह भी गाँव से निकलकर शहर में ज्यादा अच्छा कर पाएगा। विकी रॉय पूरी रात यात्रा करने के बाद भूखा-प्यासा प्लेटफॉर्म पर सोया। लावारिसों के साथ रहा। कचरा जमा किया। प्लास्टिक बोतलों को जमा करके उन्हें रिफिलिंग के लिए भेजता था। होटलों में बरतन धोता था। 20 घंटे रोज काम करने के दौरान उसे इन्फेक्शन हो गया। वह ट्रेनों और कचरा पात्रों में फेंके गए भोजन से पेट भरता है। सलाम बालक ट्रस्ट, घर से भागे बच्चों के लिए काम करनेवाली संस्था ने विकी को देखा। यहाँ से वह स्कूल गया, उसने हाई स्कूल की पढ़ाई पूरी की। सर्टिफिकेट के साथ वह जब घर गया तो उसका स्वागत हुआ, लेकिन एक महीने बाद माता-पिता की सहमति से फिर घर से बाहर निकला। उसने दिल्ली में स्किल डेवलपमेंट प्रोग्राम के तहत फोटोग्राफी की पढ़ाई शुरू की।

कंधे पर दान और लोन के पैसों से खरीदा कोडैक केबी-10 कैमरा लिये घूमता रहता है। जहाँ नजर टिकी, उसकी तसवीर ले ली। जब वह लौटा तो उसकी तसवीरें देखकर उसके टीचर की आँखें चौंधिया गईं। उन्होंने विकी को ब्रिटिश फोटोग्राफर बेंजामिन डिक्सी का गाइड बना दिया। डिक्सी सलाम बालक ट्रस्ट पर डॉक्यूमेंट्री बना रहे थे। कुछ दिनों में डिक्सी ने विकी के टैलेंट को पहचाना और ट्रेनिंग देनी शुरू की। दिल्ली छोड़ने से पहले डिक्सी ने विकी को अनय मन्न से

मिलवाया। दिल्ली निवासी अनय पोर्टेट स्पेशलिस्ट हैं। अनय के ग्राहकों में दीपिका पादुकोण भी हैं।

विकी का काम तकनीकी रूप से बहुत अच्छा नहीं था, पर उसमें एक नई कहानी होती थी। अनय इससे खुश हुए। उन्होंने विकी को 3 हजार रुपए तनख्वाह पर नौकरी, मोबाइल और बाइक दी। विकी ने सलाम बालक ट्रस्ट से 28500 रुपए लोन लेकर निकॉन कैमरा खरीदा। उसने सड़क पर रह रहे बच्चों की तसवीरें लेने की योजना बनाई। वह उनका दु:ख नहीं दिखाना चाहता था। उसने उनकी खुशियों के छोटे-छोटे पलों को कैद किया। उसे अच्छा परिणाम मिला। वर्ष 2007 में ब्रिटिश हाई कमीशन ने उसकी पेंटिंग अनय की गैलरी में देखी। हाई कमीशन ने विकी की पेंटिंग की एकल प्रदर्शनी का आयोजन कराया। दर्जनों फोटोग्राफी विशेषज्ञ वहाँ पर आए। उन्होंने विकी की तारीफ की। यह प्रदर्शनी इतनी मशहूर हुई कि ब्रिटिश हाई कमीशन ने वर्ष 2008 में उसके तसवीरों की प्रदर्शनी लंदन में आयोजित कराई। उसे ड्यूक ऑफ एडिनबर्ग से गोल्ड मेडल मिला, साथ ही बमिंघम पैलेस में प्रिंस एडवर्ड के साथ लंच करने का न्यौता भी। इसके बाद उसकी प्रदर्शनी वियतनाम में आयोजित अंतरराष्ट्रीय फोटोग्राफी प्रतियोगिता में भेजी गई। इसका आयोजन मेबैक ने कराया था। इस समय विकी न्यूयॉर्क के वर्ल्ड ट्रेड सेंटर के लिए छह महीने के फोटोग्राफी डॉक्यूमेंटेशन के कॉन्ट्रैक्ट पर था। उसने इंटरनेशनल सेंटर फॉर फोटोग्राफी से पढ़ाई की। बाद में डब्ल्यूटीसी पर किया गया काम उसका वॉशिंगटन में प्रदर्शित हुआ है। अमरीकन सेंटर ने उसके वॉशिंगटन वाले काम का दिल्ली में प्रदर्शन कराया। यहाँ से उसकी तसवीरें लंदन के व्हाइटचैपल गैलरी और स्विट्जरलैंड के फोटो म्यूजियम तक गईं। विकी को मैसाचुसेट्स इंस्टीट्यूट ऑफ टेक्नोलॉजी मीडिया लैब में कन्वर्जेंस ऑफ टेक्नोलॉजी ऐंड फोटोग्राफी की पढ़ाई के लिए फैलोशिप भी मिली। उसे गूगल और फेसबुक के मुख्यालयों से फोटोग्राफी पर लेक्चर देने के लिए बुलाया गया। वह दिल्ली में रहता है। उसकी किताब, होम स्ट्रीट उसके आठ साल के संघर्ष की कहानी बताती है। उसने नेशनल जियोग्राफिक के लिए रियल्टी शो भी किया है।

फंडा यह है कि अपनी जिंदगी में आपको एक अमिट छाप छोड़नी है तो कभी भी अपने सपनों को मत छोड़ो।